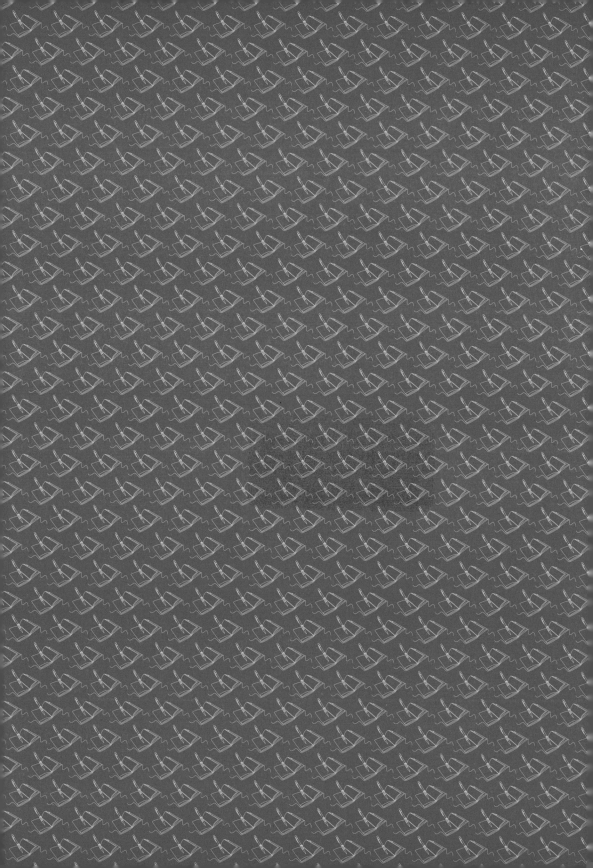

엄마 아빠
100일
기도문 필사 노트

〰〰〰〰〰〰〰〰〰〰 의 손글씨

시작한 날		년	월	일
끝마친 날		년	월	일

세움북스는 기독교 가치관으로 교회와 성도를 건강하게 세우는 바른 책을 만들어 갑니다.

기 도 문 필 사 시 리 즈 4

엄마 아빠 100일 기도문 필사 노트

"이런 부모와 자녀 되게 하소서"

초판 1쇄 발행 2023년 2월 28일
초판 3쇄 발행 2024년 9월 1일

지은이 | 이화진
펴낸이 | 강인구
펴낸곳 | 세움북스

등 록 | 제2014-000144호
주 소 | 서울시 종로구 대학로 19 한국기독교회관 1010호
전 화 | 02-3144-3500
이메일 | cdgn@daum.net

디자인 | 참디자인

ISBN 979-11-91715-68-2 (03230)

"이런 부모와 자녀 되게 하소서"

엄마 아빠 100일 기도문 필사 노트

이화진 지음

세움북스

Usage

이 책의 활용법

우선 필사 하는 날의 날짜를 기록합니다.

기도하기 전에 먼저 말씀을 읽고 묵상하는 것이 좋습니다. 나의 기도와 나의 바람이 하나님의 뜻 안에 있기 위함입니다.

위 말씀에 대한 저자의 한 줄 묵상을 소리 내어 읽어 보세요. 말씀의 의미를 잘 이해할 수 있게 도와주고, 나의 고백이 되게 합니다.

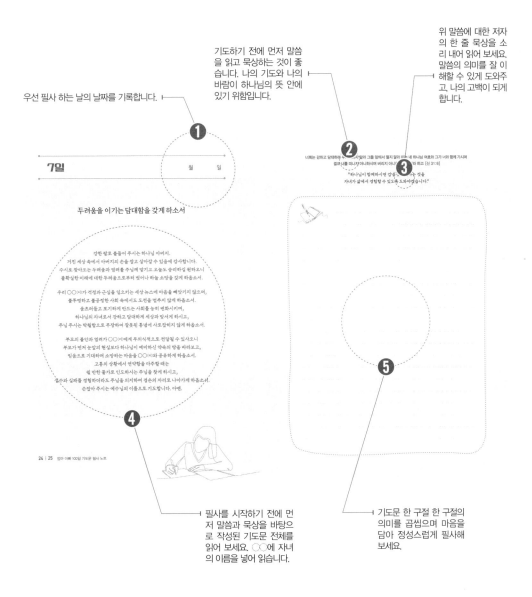

7일   월   일

너희는 강하고 담대하라 두려워하지 말라 그들 앞에서 떨지 말라 이는 네 하나님 여호와 그가 너와 함께 가시며 결코 너를 떠나지(자) 아니하시며 버리지 아니하(실) 것임이라 하고 [신 31:6]

"하나님이 함께하시면 강냄이라는 것을 자녀가 삶에서 경험할 수 있도록 도와야겠습니다."

두려움을 이기는 담대함을 갖게 하소서

강한 팔로 붙들어 주시는 하나님 아버지.
거친 세상 속에서 아버지의 손을 잡고 살아갈 수 있음에 감사합니다.
수시로 찾아오는 두려움과 염려를 주님께 맡기고 오늘도 승리하길 원하오니
불확실한 미래에 대한 두려움으로부터 벗어나 하늘 소망을 갖게 하옵소서.

우리 ○○가 걱정과 근심을 일으키는 세상 뉴스에 마음을 빼앗기지 않으며,
불투명하고 불공정한 사회 속에서도 도전을 멈추지 않게 하옵소서.
움츠러들고 포기하게 만드는 사회를 능히 변화시키며,
하나님의 자녀로서 강하고 담대하게 세상과 맞서게 하시고,
주님 주시는 막힘함으로 무장하여 잘못된 통념에 사로잡히지 않게 하옵소서.

부모의 불안과 염려가 ○○에게 무의식적으로 전달될 수 있사오니
부모가 먼저 눈앞의 현실보다 하나님이 예비하신 약속의 말을 바라보고,
믿음으로 기대하는 마음을 ○○와 공유하게 하옵소서.
고통의 상황에서 연약함을 마주할 때는
쉴 만한 물가로 인도하시는 주님을 찾게 하시고,
실수와 실패를 경험하더라도 주님을 의지하여 겸손의 자리로 나아가게 하옵소서.
손잡아 주시는 예수님의 이름으로 기도합니다. 아멘.

필사를 시작하기 전에 먼저 말씀과 묵상을 바탕으로 작성된 기도문 전체를 읽어 보세요. ○○에 자녀의 이름을 넣어 읽습니다.

기도문 한 구절 한 구절의 의미를 곱씹으며 마음을 담아 정성스럽게 필사해 보세요.

좋은 열매를 맺기 위해서는 좋은 나무가 필요합니다. 가시나무에서 포도를, 엉겅퀴에서 무화과를 딸 수 없듯이 나무의 본질과 상태는 매우 중요합니다(마 7:18). 이렇듯 꽃을 피워 열매 맺는 것이 나무의 역할과 책임이라면, 자녀라는 귀한 열매를 맺기 위해 부모는 먼저 좋은 나무가 되어야 함이 자명합니다. 이는 포도나무이신 하나님께서 우리의 아버지가 되셨기에 사람이 많은 열매를 맺을 수 있음과 같습니다(요 15:5).

우리나라에서는 아기를 출산한 지 백일이 되면 온 가족이 모여 축하하는 자리를 갖습니다. 여러모로 풍족하지 않던 옛 시절에 아기가 그날까지 무사하게 생존해 있음에 감사와 축하를 하기 위한 하나의 전통문화입니다. 그러나 그 '100일'이라는 기간의 진정한 뜻은, 많은 가족과 엄한 시부모 아래에서 편히 산후조리를 하기 어려운 형편인 산모에게 아기를 품에 안고 젖을 먹이는 최소한의 석 달 열흘이라는 기간을 허락하는 것입니다. 이로써 산모는 몸과 마음을 온전하게 회복할 시간을 가지며, 아기를 잘 돌볼 수 있는 몸과 마음의 상태가 됩니다.

《엄마 아빠 100일 기도문 필사 노트》는 마치 땅을 파서 돌을 제하고 극상품 포도나무를 심은 후 망대를 세워 그 포도가 잘 자라기를 바라는(사 5:2) 이 땅의 모든 부모가 읽고 쓰며, 자녀와의 삶의 간증을 기록하기에 부족함이 없는 노트가 될 것입니다. 하나님 안에서 구별되이 삼 형제를 양육하고 있는 저자 자신의 삶과 우리에게 본이 되는 성경 인물들의 믿음과 자세를 녹여 엮은 100일의 기도문을 통해 마치 산모에게 주어지는 100일과 같은 온전한 회복의 상태가 되도록, 하나님께서 우리에게 허락하신 자녀를 보다 귀하게 양육할 수 있는 기회로 삼기를 바랍니다. 좋은 나무가 되어야만 비로소 좋은 열매를 맺을 수 있습니다.

● **김마리아** 《너의 심장 소리》 저자, 네 아이의 엄마)

자녀 양육에 있어 기도가 얼마나 중요한지 믿는 부모들은 절실히 느낍니다. 그러나 자녀를 두고 구체적으로 어떻게 기도해야 하는지 생각보다 모르는 경우가 많습니다. 저희 부부도 마찬가지입니다. 저희도 이 책의 저자처럼 세 아들을 키우고 있습니다. 그래서인지 책의 내용이 더욱 가슴에 와닿습니다. 믿음의 자녀는 부모에게 말씀대로 사는 법을 배우고 부모의 기도를 먹고 자란다는 저자의 말에 전적으로 공감합니다.

저자는 세 아들의 엄마로서 우리에게 자녀 양육을 위한 '기도 노하우'를 알려주기도 하지만, 무엇보다 말씀과 기도로써 자녀를 돌보는 '부모의 자리'가 어떠해야 하는지 특히 기도문 필사를 통해 깨닫게 합니다. 바로 이것이 자녀 양육을 위한 다른 기도 책들과 구별되는 지점이라고 생각합니다. 하나님을 알지 못하고 자녀가 잘되는 것이 오히려 독이 된다는 저자의 고백이 모든 부모의 고백이 되기를 소망합니다. 세 아들의 부모로서《엄마 아빠 100일 기도문 필사 노트》를 정말 기쁜 마음으로 추천합니다.

● **권율** (부산 세계로병원 원목, 『올인원 십계명』 저자)

모든 크리스천 부모들은 좋은 부모가 되고 싶어 합니다. 좋은 부모가 되기 위한 첫걸음은 자녀를 위해 기도하는 것입니다. 하지만 자녀를 위해 기도하기로 마음먹은 후에도 문제는 사라지지 않습니다. '무엇을 기도할 것인가?', '어떻게 기도할 것인가?'라는 문제가 남습니다. 《엄마 아빠 100일 기도문 필사 노트》는 이 두 가지 문제에 도움을 줍니다.

첫째, 부모들은 이 책을 통해 무엇을 기도해야 하는지를 알 수 있습니다. 저자는 100개의 성경 구절을 선택한 후, 그 구절들을 근거로 하나님께 기도합니다. 저자가 선택한 말씀들은 매우 적절하고, 저자의 기도는 아주 성경적입니다. 둘째, 부모들은 이 책을 통해 어떻게 기도해야 하는지를 알 수 있습니다. 부모들은 저자가 글로 남긴 기도의 흔적을 필사함으로써, 자녀를 위한 기도에 집중할 수 있습니다. 저자의 유려한 기도문을 따라 쓰는 것만으로도, 부모들은 하나님께 훌륭한 기도를 드릴 수 있습니다.

● **김태희** (부산 비전교회 담임 목사, 《로마서와 함께 하는 365 가정예배》 저자)

아이를 사랑하기에, 나의 최선을 다하면 아이를 잘 키울 수 있을 거라고 생각했습니다. 그러나 아이를 키우면 키울수록 나의 최선은 하나님의 지식에 미치지 못하며, 나의 사랑은 하늘 아버지의 크고 깊은 사랑에 비할 바가 못 된다는 것을 깨닫습니다. 그러하기에 부모는 기도의 자리로 나아갈 수밖에 없음을 고백하게 됩니다.

이 책은 세 아이를 믿음으로 키우는 엄마의 기도문입니다. 믿음의 자녀는 부모로부터 말씀대로 사는 법을 배우고 부모의 기도를 먹고 살아갑니다. 또한 자녀를 키우면서 우리의 믿음도 자라고 성장합니다. 이화진 사모님이 쓰신 기도문을 통해 자녀를 향한 기도가 열리고 더 깊은 기도의 자리로 나아갈 수 있는 계기가 되기를 바랍니다.

● **제행신** (《지하실에서 온 편지》 저자, 네 아이의 엄마)

Contents
목차

스무 살, 열일곱 살, 세 살. 하나님은 저에게 세 아들을 맡기셨습니다. 감당할 만한 준비가 되어서 맡기신 것이 아니라, 아이들을 양육하면서 함께 성장하길 바라는 마음이셨으리라 생각합니다. 엄마 교육을 받아 본 적도 없고, 성경적인 자녀 양육 방식은 더더욱 모른 채 2003년 엄마가 되었습니다. 20년이 지나서 돌아보니 아무것도 모르고서 엄마가 된 것이 은혜입니다. 알았다면 쉽게 엄마가 되지 못했을지도 모릅니다. 몰라서 좌충우돌 헤매는 시간이 길긴 했지만, 아이가 자라는 동안 저 역시 단단해지고 성숙해졌습니다. 하나님은 자녀를 통해서 아버지의 사랑과 마음을 구체적으로 알게 하셨습니다.

자녀는 둘만으로도 충분하다고 생각했는데, 하나님은 2020년 마흔여섯의 늦은 나이인 저에게 셋째까지 맡기셨습니다. 아직도 배우고 자라야 할 부분이 많아서 다시금 육아의 자리로 부르셨다고 생각합니다. 늦게 만난 셋째는 가족 모두에게 조건 없는 사랑을 알게 해준 존재입니다. 더없이 큰 은혜의 선물을 주신 하나님께 감사합니다.

다시 육아의 시간을 보내며 말씀과 기도의 자리를 더욱 사모하게 됩니다. 믿음의 자녀는 부모로부터 말씀대로 사는 법을 배우고, 부모의 기도를 먹고 자랍니다. 두 아들을 홈스쿨링 하면서 자녀와 함께 말씀을 읽고 기도하는 시간을 보냈습니다. 2018년 말씀을 읽고 묵상한 글을 《부모가 되어 가는 시간》이라는 책으로 엮고, 2020년 말씀을 읽고 기도한 글을 《자녀와 함께 기도하는 시간》이라는 책으로 엮었습니다.

이 책의 기도문은 위의 두 권의 책에 실린 내용을 수정, 보완하여 새롭게 쓴 글입니다. 책을 집필하면서 두 아들을 키운 노하우로 셋째를 양육하는 것이 아니라, 말씀과 기도로써 셋째를 돌보는 엄마의 자리에 서야 함을 깨달았습니다. 어떤 부모가 되어야 하고, 어떤 자녀가 되길 바라는지 말씀을 읽으며 기준을 세우고 그 말씀을 붙잡고 기도했습니다. 이 책을 활용하는 분들 또한 완벽하지는 않아도 매일 조금씩 주님을 닮은 부모와 자녀가 되어 가기를 기대합니다.

하나님의 창조를
믿음으로 고백하게 하소서

세상 모든 만물을 말씀으로 창조하신 하나님.
하나님은 아무것도 없는 혼돈의 세상을 질서 정연하게 설계하신 분임을 믿습니다.
땅의 흙으로 사람을 지으시고 생기를 불어넣으사 사람이 생령 되게 하심을 믿습니다.
지금도 살아 역사하시고 세상을 주관하고 계시는 하나님을 의지하여 기도하오니
죄로 인해 어두워진 인간의 눈으로는 하나님을 볼 수 없지만
말씀을 통해 하나님을 보고 믿을 수 있게 해 주옵소서.

생명의 근원이신 하나님,
우리 ○○(이)가 보이지 않는 하나님을 믿을 수 있게 해 주옵소서.
학교에서 배우는 과학 지식에 의해 믿음이 흔들리지 않게 하시고
생물, 물리, 화학 등의 과학을 배우면서 그 안에서 하나님의 창조를 발견하며,
천지와 만물이 주님의 뜻대로 지음받았음을 믿음으로 고백하게 하옵소서.
눈으로 보고 손으로 만지며 과학으로 증명할 수 있어야 비로소 믿는 시대입니다.
인간의 지식과 연구로 증명할 수 없는 신앙의 문제에 회의를 느끼지 않도록
우리 ○○(이)의 마음을 붙들어 주옵시고,
창세기부터 요한계시록까지 기록된 말씀을 의심하지 않고서
하나님의 언약으로 믿을 수 있는 ○○(이)가 되게 하옵소서.

믿음은 값없이 주시는 하나님의 선물이오니 우리 ○○(이)에게 믿음의 선물을 주옵시고,
○○(이)의 키와 지혜가 자라가며 믿음도 함께 성장하도록 도와주옵소서.
창조주이신 예수님의 이름으로 기도합니다. 아멘.

여호와 하나님이 땅의 흙으로 사람을 지으시고
생기를 그 코에 불어넣으시니 사람이 생령이 되니라 [창 2:7]

"천지를 말씀으로 창조하신 하나님을 믿습니다."

주님과 함께함으로
형통한 자녀가 되게 하소서

어느 곳에 있든지 함께하시는 하나님.
애굽의 노예로 팔려 간 요셉과 함께하시고 그를 범사에 형통하게 하심을 봅니다.
그가 비록 노예였을지라도 하나님과 동행할 때 형통한 자가 될 수 있었음을 믿습니다.

그러니 주님, 우리 ○○(이)가 자신의 바람보다
주님의 뜻이 이루어지기를 바라고 구하게 하옵소서.
눈에 보이는 상황으로 형통함의 여부를 판단하지 않게 하시고,
일이 잘 풀리는 것만이 형통이 아님을 알게 해 주옵소서.
요셉을 위하여 애굽 사람의 집에 복을 내리신 하나님.
우리 ○○(이)가 학교, 직장, 가정과 교회에서 형통한 자로 인정받게 하시고,
우리 ○○(이)를 통해 그 주변의 사람들이 복을 받게 하옵소서.

주님 앞에서 죄짓기를 거부했던 요셉처럼,
우리 ○○(이)가 죄에 민감하게 하옵소서.
편법을 통해 이익을 얻거나, 노력하지 않고서 좋은 결과를 얻으려는 마음을 갖지 않고,
혹 불이익을 당하게 되더라도 하나님 앞에서 옳은 길을 선택하게 하옵소서.
슬기롭게 판단하고 정직하게 행동하며,
억울하고 답답할 때에 아버지 하나님으로부터 위로를 얻고,
누군가 알아주지 않아도 주님이 기억해 주심을 믿고서 선한 길을 가게 하옵소서.
늘 함께하시는 예수님의 이름으로 기도합니다. 아멘.

여호와께서 요셉과 함께하시므로 그가 형통한 자가 되어 그의 주인 애굽 사람의 집에 있으니 그의 주인이
여호와께서 그와 함께하심을 보며 또 여호와께서 그의 범사에 형통하게 하심을 보았더라 [창 39:2-3]

"눈에 보이는 결과의 유익이 아닌
하나님과 함께하는 것이 형통한 삶임을 믿습니다."

하나님의 시선으로 상황을 해석하는
자녀가 되게 하소서

계획과 뜻을 가지고 움직이시는 하나님.
어떤 상황에서도 합력하여 선을 이루시는 주님을 믿고 의지합니다.

형들에게 복수할 수 있는 권세과 명예를 가졌지만
여전히 하나님 앞에서 선을 행하는 요셉처럼,
우리 ○○(이)가 복수가 아닌 용서를 선택하길 원합니다.
우리 ○○(이)가 하나님의 구원 계획 안에서 이루어진 일을 주님의 시선으로 보게 하시고,
어려움에 직면하여 답답한 시간을 보낼 때는 주님을 신뢰함으로 견디게 하옵소서.

아픔을 준 상대방을 용서하며 이해하기란 참으로 어렵습니다.
하지만 우리 ○○(이)에게 누군가를 미워하는 마음, 원망하는 마음,
용서하지 않고 분을 품는 완악한 마음이 있다면 성령님께서 만져 주옵소서.
아버지의 크신 계획을 바라보며 넉넉히 용서할 수 있는 사람으로 자라게 하옵소서.

한량없는 은혜를 입은 자로서 타인의 잘못을 덮어 주는 사랑을 베풀게 하시고,
왕따와 폭력, 미움과 시기가 가득한 학교생활이 아니라
친구들과 좋은 추억을 만들고 본받고 싶은 좋은 스승을 만나는 학창 시절이 되게 하옵소서.
사랑과 용기를 주시는 예수님의 이름으로 기도합니다. 아멘.

당신들이 나를 이곳에 팔았다고 해서 근심하지 마소서 한탄하지 마소서
하나님이 생명을 구원하시려고 나를 당신들보다 먼저 보내셨나이다 [창 45:5]

"이미 일어난 일에 대하여 어떻게 해석하고 어떻게 해결해 나가야 하는지를 생각합니다.
선한 방향, 지혜로운 해결점을 찾기 원합니다."

하나님의 소유된 백성임을 아는
자녀가 되게 하소서

온 세상 만물의 창조자이신 하나님 아버지.
길에 핀 작은 꽃들과 날아가는 새를 보며 하나님을 생각합니다.
자연 속에서 하나님의 위대함을 볼 수 있는 눈을 주셔서 감사합니다.
세상에 속하지 않고, 하나님의 자녀로 살아감이 우리의 가장 큰 복이오니
우리 ○○(이)가 아버지의 말씀을 마음에 새기고 지켜 행하는 사람이 되게 하옵소서.
주인의 음성을 듣고 움직이는 양처럼 주의 말씀을 듣고 행하게 하옵소서.

안전하고 평안한 주님 품에서 행복을 느끼는 ○○(이)가 되게 하시고,
주님의 소유된 거룩한 백성으로 반석 위에 터를 잡아
학교와 직장, 속한 곳에서 만족을 찾기보다 주님이 주시는 기쁨을 갈망하게 하옵소서.

제게 맡겨 주신 ○○(이)가 하나님의 자녀임을 고백합니다.
제가 만난 구원자이신 주님을 우리 ○○(이)에게 전하기를 원하오니
주님이 창조하신 자연을 ○○(이)와 함께 소리 높여 찬양하고
하나님의 창조 세계를 탐색하며 영광을 돌리게 하옵소서.

○○(이)가 성장하여 스스로 '나의 주, 나의 하나님 아버지'를 부를 날을 기대합니다.
하나님의 소유인 ○○(이)를 온 마음과 진실함으로 섬기는 부모가 되게 하옵소서.
믿음의 주이신 예수님의 이름으로 기도합니다. 아멘.

세계가 다 내게 속하였나니 너희가 내 말을 잘 듣고 내 언약을 지키면 너희는 모든 민족 중에서 내 소유가 되겠고
너희가 내게 대하여 제사장 나라가 되며 거룩한 백성이 되리라 너는 이 말을 이스라엘 자손에게 전할지니라 [출 19:5-6]

"부모는 하나님의 소유인 자녀를 잠시 맡아 양육하는 청지기임을 믿습니다.
'나는 하나님의 자녀입니다.'라고 자녀 스스로 고백하는 날을 기대하며 자녀를 섬겨야겠습니다."

끝까지 인내하는
부모와 자녀가 되게 하소서

오래 참으시며 인내로 구원을 이루신 하나님 아버지.
○○(이)를 보면서 마음이 불편하고 화가 나는 순간에 아버지를 생각합니다.
하나님은 제가 순종의 자리로 나아올 때까지 참고 기다려 주셨습니다.
아버지의 인내가 있었기에 제가 지금 여기에 있음을 고백합니다.

그러나 사람의 인내는 한계가 있습니다.
온유함이 지면의 모든 사람보다 승하다고 하나님께 인정받은 모세도
백성들의 계속되는 불평과 불만 앞에서 분노하는 모습을 봅니다.
부모의 말을 듣지 않고, 마음대로 움직여 주지 않는 ○○(이)를 볼 때,
수시로 화내고 마음 다스리지 못했던 것을 회개하오니
주여, 부모인 제가 인내의 사람이 되도록 도와주옵소서.
저 역시 불순종하고 불평하며 하나님의 영광을 가리는 부모였습니다.
○○(이)에게 화를 내므로 하나님의 영광을 나타내지 못하였사오니
주여, 변화가 느린 ○○(이)를 끝까지 기다릴 수 있도록 도와주옵소서.

○○(이)의 사소한 잘못과 실수뿐 아니라 생각지 못한 큰 잘못에도
○○(이)를 이해하고 허물을 덮어 주는 부모가 되게 하옵소서.
가정이 사랑의 보금자리, 포근한 안식처가 될 수 있도록
너그러운 태도와 온유한 미소를 잃지 않게 하시고,
자신을 돌아볼 여유 없이 자녀를 돌보느라 지친 부모를, 주여 위로하여 주옵소서.
우릴 위해 죽기까지 참으신 예수님의 이름으로 기도합니다. 아멘.

모세가 그의 손을 들어 그의 지팡이로 반석을 두 번 치니 물이 많이 솟아 나오므로
회중과 그들의 짐승이 마시니라 [민 20:11]

"신실하신 하나님을 의지하고 인내하여 후회 없는 오늘을 만들고 싶습니다."

주님만 섬기는 자녀 되게 하소서

○○(이)를 구별된 삶으로 부르신 하나님 아버지.
이 세상에서 의지할 분은 오직 하나님 아버지 한 분뿐임을 고백합니다.
우리 ○○(이)가 하나님이 계시하신 말씀대로 살기를 원하오니
여호와를 경외하고 그의 명령을 지키며 의지하게 하옵소서.

매일 성경을 읽음으로 거룩한 삶에 대하여 알아 가게 하시고,
옳고 그름을 판단해야 하는 순간에 하나님 말씀이 생각나며,
좌로나 우로나 치우치지 않는 믿음의 사람이 되게 하옵소서.
말씀의 거울에 자기 자신을 비춰 보기를 부지런히 함으로
아는 것이 많아져도 교만에 빠지지 않고,
자신의 소질과 재능을 주님 섬기는 일에 사용하게 하옵소서.

헛된 행복과 순간적인 쾌락을 찾아 방황하지 않도록 우리 ○○(이)를 지켜 주시고,
아름답고 재미있고 편한 것들에 미혹되어 하나님을 잊고 살아가지 않게 하옵소서.
세상 그 어떤 것보다 주님과 동행함이 ○○(이)에게 가장 큰 즐거움이 되게 하시고,
부모의 적절한 통제 안에서 자유와 책임을 배우며 자라는 ○○(이)가 되게 하옵소서.

기도함으로 미래에 직면할 환경에 대비하며
삶의 필요를 아시고 능력을 주시는 주님과 교제하기 위해
○○(이)가 아침에 일어나 말씀을 묵상하고
저녁 잠들기 전 기도하는 좋은 습관을 갖게 하옵소서.
우리 가정의 주인이신 예수님의 이름으로 기도합니다. 아멘.

너희는 너희의 하나님 여호와를 따르며 그를 경외하며 그의 명령을 지키며
그의 목소리를 청종하며 그를 섬기며 그를 의지하며 [신 13:4]

"오직 주님의 말씀을 지켜 행하며 온전하신 주님만을 의지하고 섬겨야겠습니다."

두려움을 이기는 담대함을 갖게 하소서

강한 팔로 붙들어 주시는 하나님 아버지.
거친 세상 속에서 아버지의 손을 잡고 살아갈 수 있음에 감사합니다.
수시로 찾아오는 두려움과 염려를 주님께 맡기고 오늘도 승리하길 원하오니
불확실한 미래에 대한 두려움으로부터 벗어나 하늘 소망을 갖게 하옵소서.

우리 ○○(이)가 걱정과 근심을 일으키는 세상 뉴스에 마음을 빼앗기지 않으며,
불투명하고 불공정한 사회 속에서도 도전을 멈추지 않게 하옵소서.
움츠러들고 포기하게 만드는 사회를 능히 변화시키며,
하나님의 자녀로서 강하고 담대하게 세상과 맞서게 하시고,
주님 주시는 탁월함으로 무장하여 잘못된 통념에 사로잡히지 않게 하옵소서.

부모의 불안과 염려가 ○○(이)에게 무의식적으로 전달될 수 있사오니
부모가 먼저 눈앞의 현실보다 하나님이 예비하신 약속의 땅을 바라보고,
믿음으로 기대하며 소망하는 마음을 ○○(이)와 공유하게 하옵소서.
고통의 상황에서 연약함을 마주할 때는
쉴 만한 물가로 인도하시는 주님을 찾게 하시고,
실수와 실패를 경험하더라도 주님을 의지하며 겸손의 자리로 나아가게 하옵소서.
손잡아 주시는 예수님의 이름으로 기도합니다. 아멘.

너희는 강하고 담대하라 두려워하지 말라 그들 앞에서 떨지 말라 이는 네 하나님 여호와 그가 너와 함께 가시며
결코 너를 떠나지 아니하시며 버리지 아니하실 것임이라 하고 [신 31:6]

"하나님이 함께하시면 겁낼 것이 없다는 것을
자녀가 삶에서 경험할 수 있도록 도와야겠습니다."

대를 잇는 믿음의 가정 되게 하소서

보호하시고 인도하시는 하나님 아버지.
온전한 믿음을 가지고 하나님의 자녀답게 살아가기를 원합니다.
진리의 영으로 심령을 새롭게 하사 아버지를 즐거이 따르는 가정이 되게 하옵소서.

여호수아와 그 시대의 사람들이 죽고 난 이후의 세대는 하나님을 알지 못했습니다.
신앙이 다음 세대에 계속 이어지지 못한 것 때문입니다.
주님, 오늘날에도 부모의 신앙이 자녀에게로 이어지지 못하는 가정이 많습니다.
겨자씨만 한 믿음이 ○○(이)의 마음에 심어지면 자라서 큰 나무가 될 줄 믿사오니,
우리 ○○(이)가 청소년, 청년이 되어도 교회를 떠나지 않게 해주시고,
'부모의 하나님'이 아닌 '나의 하나님'을 만나는 은혜를 허락해 주옵소서.
부모 때문에 교회에 나가고 예배를 드리는 것이 아니라
구원의 기쁨으로 예배하는 자가 되게 하시고,
부모를 떠나 장성한 후에도 스스로 믿음을 지키면서
믿음의 삶을 살아가게 도와주옵소서.

말씀 안에서 자란 우리 ○○(이)가 새롭게 가정을 이룰 때,
주님을 믿는 배우자를 만나게 하셔서
믿음의 대를 잇는 가정이 되게 하옵소서.
믿음의 주요 온전케 하시는 예수님의 이름으로 기도합니다. 아멘.

백성이 여호수아가 사는 날 동안과 여호수아 뒤에 생존한 장로들 곧 여호와께서 이스라엘을 위하여
행하신 모든 큰일을 본 자들이 사는 날 동안에 여호와를 섬겼더라 그 세대의 사람도 다 그 조상들에게로 돌아갔고
그 후에 일어난 다른 세대는 여호와를 알지 못하며 여호와께서 이스라엘을 위하여 행하신 일도 알지 못하였더라 [삿 2:7, 10]

"자녀에게 살아 계신 하나님을 소개하여 믿음의 대를 잇는 가정 되길 원합니다."

주의 날개 아래에서
보호받으며 살게 하소서

잘했다 칭찬하시고 상 주시는 하나님 아버지.
아버지의 보호 아래 거하는 자에게 평안과 기쁨을 넘치도록 주시니 감사합니다.
이방 여인이었던 룻이 남편을 잃고 시어머니를 따라가므로,
나오미의 하나님이 룻의 하나님이 되고
룻의 자손을 통해 메시아이신 예수님께서 이 땅에 오시는 역사를 봅니다.

삶에 희망이 없던 룻이 주님을 따르는 순간,
길이 열리고 소망 있는 인생 되게 하셨사오니
우리 ○○(이)가 하나님의 그늘 아래 보호를 받고 빛나는 인생을 살아가며,
하나님의 마음을 시원케 하고, 주님의 기쁨이 되는 사람이 되게 하옵소서.
○○(이)가 죄와 허물의 값을 십자가 보혈로 담당하신 주님을 붙들게 하시고,
겸손하게 주님을 따름으로 자기 연약함을 고백할 때 절망 가운데서 일으켜 주옵소서.

학업, 진학, 취직, 결혼으로 이어지는 ○○(이)의 중요한 걸음마다 주님의 도움을 구합니다.
믿음의 선택과 다짐을 하는 ○○(이)에게 복된 길을 열어 주시고
○○(이)가 하나님께서 부여하신 부모의 권위에 순종하여 주님의 보호를 받게 하옵소서.
안전하게 품어 주시는 예수님의 이름으로 기도합니다. 아멘.

여호와께서 네가 행한 일에 보답하시기를 원하며 이스라엘의 하나님 여호와께서 그의 날개 아래에
보호를 받으러 온 네게 온전한 상 주시기를 원하노라 하는지라 [룻 2:12]

"겸손하게 주님을 따르고 주님이 주시는 은혜를 사모하는 자녀가 되길 원합니다."

순종의 예배를 드리는
자녀가 되게 하소서

순종을 기뻐하시는 하나님 아버지.
하나님께서 인정하시고 기뻐 받으시는 예배를 날마다 드리길 원합니다.
주신 것을 나누고 받은 사랑을 전함으로 아버지께 영광 돌리길 원합니다.
왕이 되어 처음의 겸손함을 버린 사울은 자신을 위해 기념비를 세우고,
하나님의 때를 기다리지 않고서 자기 임의대로 형식적인 제사를 드리는 죄를 범하였습니다.
그러니 주님, 우리 ○○(이)가 말씀대로 행하지 않고 사랑 없이 드리는 예배는
주님을 기쁘시게 하는 참된 예배가 아님을 기억하게 하옵소서.

○○(이)에게 지켜야 하며 넘지 말아야 할 선을 분명하게 가르치길 원합니다.
○○(이)가 부모의 권위와 사랑을 균형 있게 느낄 수 있도록 양육의 지혜를 주시고,
주님을 절대적으로 신뢰함으로 자기 생각보다 주님의 기준에 맞춰 살게 하시며,
은밀한 곳에서도 주님을 경외하여 바른 예배자로 살아가는 ○○(이)가 되게 하옵소서.
부모와 선생님의 권위를 존중하고 잘 배우는 ○○(이)가 되게 하시고,
주일뿐 아니라 주중 학교나 직장에서도 말씀대로 살아가는 ○○(이)가 되게 하옵소서.

부모의 조건 없는 사랑이 주님의 크신 사랑을 보여 주는 통로가 되고
주일 예배가 매일의 예배를 위한 영혼의 양식을 채우는 시간이 되길 원합니다.
우리 ○○(이)의 인생의 주인 되신 예수님의 이름으로 기도합니다. 아멘.

사무엘이 이르되 여호와께서 번제와 다른 제사를 그의 목소리를 청종하는 것을 좋아하심 같이 좋아하시겠나이까
순종이 제사보다 낫고 듣는 것이 숫양의 기름보다 나으니 [삼상 15:22]

"주의 말씀을 경청하고 그 뜻대로 행하는 자에게
하나님은 은혜를 베푸시고 그의 예배를 받으십니다."

내면의 아름다움을 가꾸는 자녀가 되게 하소서

아름다움을 창조하신 하나님 아버지,
일출과 일몰, 밤에 빛나는 별을 보며 주님의 솜씨에 감탄합니다.
계절과 날씨의 신비로운 변화를 보며 전능하신 하나님을 경배합니다.
사무엘은 이새의 큰아들 엘리압의 용모와 키를 보고 왕이 될 사람으로 여겼으며,
내면의 아름다움을 보시는 하나님은 다윗의 중심을 보시고서 그를 왕으로 세우셨습니다.

그러니 주님, 세상이 요구하는 겉모습보다
○○(이)의 중심에 심겨 있는 보화에 관심을 두게 하옵소서.
영원한 상급을 기대하며 근면하고 성실하게 부모의 역할을 감당하게 하시고,
성경적 가치관을 가지고 믿음의 선택을 하는 자녀로 양육할 수 있도록 도와주옵소서.

누군가 사랑스러워야만 사랑하는 것이 아니라
사랑을 의지적으로 선택하는 ○○(이)가 되게 하시고,
친구를 사귀고 배우자를 선택할 때, 외모가 아닌 마음을 살피게 하옵소서.
○○(이)의 마음 밭에서 성령의 열매가 맺어지도록 성령님께서 동행해 주시고,
삶의 바른 태도와 좋은 성품으로 어두운 세상을 밝히는 ○○(이)가 되게 하옵소서.
마음의 정직함을 기뻐하시는 예수님의 이름으로 기도합니다. 아멘.

여호와께서 사무엘에게 이르시되 그의 용모와 키를 보지 말라 내가 이미 그를 버렸노라 내가 보는 것은
사람과 같지 아니하니 사람은 외모를 보거니와 나 여호와는 중심을 보느니라 하시더라 [삼상 16:7]

"자녀는 부모가 추구하는 가치에 따라 자랍니다.
자녀에게 무엇을 강조하며 살아 왔는지 점검해야겠습니다."

주의 능력을 힘입어
승리하는 자녀 되게 하소서

주님을 경외하며 동행하는 자에게 복을 주시는 하나님 아버지.
전능하신 아버지의 능력을 힘입어 선한 열매를 맺으며 살아가길 원합니다.
성령의 능력으로 옷 입혀 주셔서 하나님을 높이고 자랑하게 하옵소서.

다윗은 자신의 능력이 아닌 하나님의 능력이 승리를 주셨다고 고백합니다.
저와 우리 ○○(이)에게 있는 선한 것은 모두 하나님으로부터 온 것이니
오직 주님 앞에 겸손히 엎드리는 사람이 되게 하옵소서.
하나님께서 주신 재능을 헛된 욕망을 위해 사용하지 않게 하시고,
땀 흘리는 수고와 노력을 다한 후에 오직 십자가의 능력을 높이는 사람이 되게 하시며,
끝까지 책임져 주시는 주님을 바라보면서 작은 일에 일희일비하지 않도록 도와주옵소서.

○○(이)가 자기 자신을 드러내려고 애쓰기보다 주님의 빛을 전하며 살기 원하오니
두려움 없는 용기를 주시는 주님께 겸손하게 맡기는 인생이 되게 하시고
꾸준하고 부지런하게 실력을 쌓아 주의 일에 헌신하게 하옵소서.
물질주의, 자기 사랑, 세상 문화에 우리 ○○(이)가 마음 빼앗기지 않게 도와주시고,
예수님의 이름만 삶의 자랑으로 삼는 성령 충만한 ○○(이)가 되게 하옵소서.
능력의 팔로 안아 주시는 예수님의 이름으로 기도합니다. 아멘.

또 다윗이 이르되 여호와께서 나를 사자의 발톱과 곰의 발톱에서 건져 내셨은즉 나를 이 블레셋 사람의 손에서도
건져 내시리이다 사울이 다윗에게 이르되 가라 여호와께서 너와 함께 계시기를 원하노라 [삼상 17:37]

"자녀에게서 하나님의 능력을 발견하고,
능력의 원천이신 주님을 높이는 하루이길 소망합니다."

차별하지 않고 사랑하게 하소서

환난당한 자들의 도움이 되시는 하나님 아버지.
높은 하늘 보좌에서 낮은 땅으로 임하시고
연약한 자의 친구가 되신 주님을 찬양합니다.

주님, 하나님 마음에 합한 다윗은 연약한 자들과 함께하는 자였습니다.
사울을 피해 도망간 다윗에게 환난당한 자, 빚진 자, 마음이 원통한 자가 모여든 것처럼
우리 ○○(이)가 소외되고 괄시받는 자, 힘이 없고 병든 자,
가난한 자들과 함께하는 사람이 되게 하옵소서.
아픈 자들과 함께 아파할 수 있는 공감의 사람이 되게 하시고,
친구들의 고민을 들어 주며 문제 해결을 위해 함께 기도하는 사람이 되게 하옵소서.
실질적인 도움을 줄 수 있는 능력을 키울 수 있도록 지혜를 주시고,
가난한 자의 필요를 채워 주는 넉넉한 마음을 가진 사람이 되게 하시며,
간절한 마음으로 병든 자가 낫기를 기도하는 사람이 되게 하옵소서.

우리 ○○(이)가 힘을 키우고 돈을 모으며 명예를 쌓느라 지치지 않길 원합니다.
자족의 은혜를 누리고 영혼의 목마름을 채우며 살아가게 하시고,
주의 일을 위해 손해를 참아 내고 양보하며 칭찬받는 사람이 되게 하옵소서.
○○(이)가 승승장구할 때나 준비하며 기다릴 때 한결같은 믿음을 갖게 하사,
무기력에 빠졌을 때 모든 것을 하실 수 있는 아버지의 능력을 힘입게 하옵소서.
영혼을 살리시는 예수님의 이름으로 기도합니다. 아멘.

환난당한 모든 자와 빚진 모든 자와 마음이 원통한 자가 다 그에게로 모였고
그는 그들의 우두머리가 되었는데 그와 함께 한 자가 사백 명가량이었더라 [삼상 22:2]

"우리 아이가 아픈 자들과 함께하고 힘없는 자들에게
힘이 되어 주는 사람이 되기를 원합니다."

하나님 앞에서 자신을
돌아보는 자녀 되게 하소서

사람의 행위를 지켜보시는 하나님 아버지.
마음속 깊은 생각까지도 모두 아시는 하나님 앞에 겸손한 마음으로 섭니다.
회개할 죄가 생각나게 하시고 돌이킬 수 있는 용기를 허락해 주옵소서.

다윗은 모든 백성에게 정의와 공의를 행하는 왕으로 하나님께 인정받았습니다.
그러나 하나님을 기쁘게 했던 다윗이 한순간에 죄의 노예가 되는 안타까운 모습을 봅니다.
부하를 죽이는 다윗의 치명적인 죄는 하나님 보시기에 악한 행동이었습니다.
그러니 주님, 사람에게 한 것이 곧 주님께 한 것임을 우리 ○○(이)가 늘 기억하게 하옵소서.
삼킬 자를 찾아다니는 사단의 유혹에 걸려 넘어지지 않도록 우리 ○○(이)를 지켜 주시고,
생각과 행동의 명확한 기준을 가지고서 항상 옳은 선택을 하게 하옵소서.

형제자매, 가족, 이웃 간에 말과 행동으로 지었던 죄를 회개하오니,
○○(이)가 마음으로 미워하고 판단하며 주님의 말씀을 업신여기는 죄를 짓지 않고,
타인을 비방하며 괴롭히는 자리에 서지 않도록 도와주옵소서.
자신의 죄를 숨기면서 책임을 전가하려는 유혹을 이기고,
솔직하게 자기 잘못을 인정하는 우리 ○○(이)가 되게 하옵소서.
참회의 눈물로 회개하게 하시고, 사람에게 용서를 구할 줄 아는 ○○(이)가 되게 하옵소서.
작은 죄도 미워하시는 예수님의 이름으로 기도합니다. 아멘.

그러한데 어찌하여 네가 여호와의 말씀을 업신여기고 나 보기에 악을 행하였느냐 네가 칼로 헷 사람 우리아를 치되
암몬 자손의 칼로 죽이고 그의 아내를 빼앗아 네 아내로 삼았도다 [삼하 12:9]

"사람에게 잘못한 것이 하나님의 말씀을 업신여기고
하나님 보기에 악한 일임을 기억하고 회개합니다."

마지막 순간까지
믿음을 지키게 하소서

믿음으로 드리는 예배를 기쁘게 받으시는 하나님 아버지.
하나님의 온전하심과 같이 우리도 온전케 되길 소망합니다.
끝까지 주님을 의지하는 신실한 예배자로 살기를 원합니다.
지혜의 왕 솔로몬은 마지막에 많은 이방 여인들과 함께함으로 하나님과 멀어지고,
이방의 신을 따르며 하나님 앞에서 온전한 삶을 살지 못하였습니다.

그러니 주님, 말씀을 통해 처음과 끝이 모두 중요함을 깨닫사오니
우리 ◯◯(이)가 좋은 영향을 주고받으며 믿음을 격려하는 친구를 만나게 하시고,
잘못된 만남으로 인해 믿음의 길을 벗어나지 않도록 마지막 순간까지 붙들어 주옵소서.
주님이 방패 되어 주셔서 세상 유혹에도 흔들리지 않으며,
믿음의 길을 벗어나 방황하는 동료를 위해 기도할 줄 아는 사람이 되게 하옵소서.

◯◯(이)가 작고 사소한 일에 소홀하지 않고 충성하는 사람이 되게 하시며,
키와 지혜가 자라 가면서 믿음도 날마다 자라서,
어제보다 오늘 그리고 내일 더 주님과 친밀한 교제를 나누게 하옵소서.
욕심과 욕망을 품지 않으며 다툼과 시기를 버림으로
알곡과 가라지를 나누는 추수의 때까지 십자가 능력을 의지하며 살게 하옵소서.
온전하신 예수님의 이름으로 기도합니다. 아멘.

솔로몬의 나이가 많을 때에 그의 여인들이 그의 마음을 돌려 다른 신들을 따르게 하였으므로 왕의 마음이
그의 아버지 다윗의 마음과 같지 아니하여 그의 하나님 여호와 앞에 온전하지 못하였으니 [왕상 11:4]

"굳건한 믿음으로 세상 유혹에도 흔들리지 않고
끝까지 주님의 길을 따르는 제자의 삶을 살기 원합니다."

좋은 공동체를 만나게 하소서

엘리야의 기도에 불로 응답하신 하나님.
바알 선지자들과 엘리야의 대결에서 하나님의 살아 계심을 보여 주셔서 감사합니다.
지금도 살아 역사하시는 하나님을 의지하며 찬양합니다.
큰 승리를 경험한 엘리야가 이세벨의 경고에 두려워하며 도망치는 모습을 봅니다.
혼자 남았다며 두려움과 외로움을 느끼는 엘리야를 위로하시는 하나님.
'바알에게 무릎 꿇지 아니한 칠천 명'을 남겨 두셨다는 말씀에 힘을 얻습니다.

하나님의 자녀로서 구별된 삶을 사는 것이 참 쉽지 않은 시대입니다.
그러나 주님, ○○(이)를 양육할 때
세상의 가치가 아니라 하나님의 말씀대로 양육할 수 있기를 원합니다.
선한 일을 시작하신 주님을 기대하며 말씀이 유일한 기준이 되는 교육을 하게 하시고,
같은 마음을 가진 부모들과 교제하면서 바른 방향을 찾아가게 하옵소서.
○○(이)를 양육하면서 느끼는 어려움을 나누고 기도할 친구가 필요하오니,
서로를 의지하는 관계가 아니라 지지하고 격려하는 좋은 만남을 주시고,
바른 역사관을 가지고 성경적인 자녀 양육의 가치를 함께 세워 가길 원하오니,
세상과 타협하지 않고 믿음의 길을 걸어가는 좋은 공동체를 만나게 하옵소서.

힘들게 자녀를 양육하는 이들에게 먼저 손을 내미는 성숙한 부모가 되게 하시고,
육아에 지쳐 눈물 흘리는 자들을 위로하고 격려하며 응원할 수 있는 사람이 되게 하옵소서.
우리 곁에서 늘 함께하시는 예수님의 이름으로 기도합니다. 아멘.

그러나 내가 이스라엘 가운데에 칠천 명을 남기리니 다 바알에게 무릎을 꿇지 아니하고
다 바알에게 입 맞추지 아니한 자니라 [왕상 19:18]

"함께 좁은 길을 가는 지체들이 있기에 어려움과 힘든 상황 속에서도 힘을 냅니다."

하나님의 도우심을 입게 하소서

우리의 도움이요 피난처가 되시는 하나님 아버지.
오늘도 하나님과 함께할 시간을 생각하니 기쁨이 넘칩니다.
저와 우리 ○○(이)가 주님 안에서 아름다운 삶의 열매를 맺으며 살기 원하오니,
모세의 율법에 능통했던 학자 에스라처럼
성경 말씀을 사랑하여 마음에 새기게 하시고,
말씀대로 준행하는 사람이 되게 하옵소서.

바벨론 왕의 마음을 움직이시고
모든 방백 앞에서 은혜를 얻게 하신 분이 하나님이시오니,
에스라에게 함께하셨던 주님께서 우리 ○○(이)의 삶에 함께하여 주옵소서.
우리 ○○(이)가 말씀에 익숙하고 능통한 자가 될 수 있도록 성경을 읽고 배우게 하시며,
강의와 책을 통해 배운 것들을 잘 기억하게 하옵소서.

주님, 우리 ○○(이)가 하는 일에 돕는 자들을 붙여 주시되
그 모든 도움이 하나님으로부터 온 것임을 알게 하시고,
하나님의 도우심에 감사하며 ○○(이)의 입술로 방패 되시는 주님을 찬양하게 하옵소서.
사람은 의지할 대상이 아니라 사랑할 존재임을 알게 하옵소서.
말씀 속에서 꿈과 비전을 찾아 빛 되신 주님을 따르게 하옵소서.
생명의 길로 인도하시는 예수님의 이름으로 기도합니다. 아멘.

이 에스라가 바벨론에서 올라왔으니 그는 이스라엘의 하나님 여호와께서 주신 모세의 율법에 익숙한 학자로서
그의 하나님 여호와의 도우심을 입음으로 왕에게 구하는 것은 다 받는 자이더니 [스 7:6]

"사람이 아무리 열심을 내어도 하나님의 도우심을 입지 않으면
모든 것이 헛될 뿐임을 기억합니다"

죄를 멀리하고 죄에서
돌이키게 하소서

자비와 긍휼을 베푸시는 하나님 아버지.
회개의 기도를 들으시고 충만한 사랑으로 품어 주시는 아버지를 찬양합니다.
우리 ○○(이)와 함께 기도하는 가정이 되게 하옵소서.
에스라가 하나님 앞에 엎드려 울며 기도하고 죄를 자복한 것처럼
주님 앞에 엎드려서 우리 ○○(이)와 저의 죄를 회개하오니 긍휼히 여겨 주시고,
우리 사회와 나라와 세상을 위해 기도할 때 애통하는 마음을 주옵소서.

○○(이)가 부모의 엎드린 모습을 보고서 함께 회개의 자리로 나아가길 원합니다.
○○(이)가 세상의 부조리와 악한 모습을 보면서 울며 기도하는 리더가 되게 하옵소서.
다른 이들을 탓하고 정죄하는 마음을 갖지 않고,
교만한 마음을 가지고 우월감에 사로잡히지 않으며,
공동체를 사랑하고 헌신하면서,
학교와 교회, 일터와 가정의 좋은 변화를 위해 기도하는 ○○(이)가 되게 하옵소서.

세계를 품고 함께 공동체를 세워 가는 믿음의 동지들을 만나게 하시고,
자신이 버리고 끊어야 할 죄들을 보게 하사 과감하게 결단하게 하시며,
바른 행동으로 주님의 마음을 흡족케 하는 사람이 되게 하옵소서.
회개의 기도를 들으시는 예수님의 이름으로 기도합니다. 아멘.

에스라가 하나님의 성전 앞에 엎드려 울며 기도하여 죄를 자복할 때에 많은 백성이 크게 통곡하매
이스라엘 중에서 백성의 남녀와 어린아이의 큰 무리가 그 앞에 모인지라 [스 10:1]

"혼자가 아니라, 연합하여 선한 일을 도모하고
함께하는 공동체를 살리는 자녀가 되길 원합니다."

월   일

주님 앞에서 모든 것이
드러나게 하소서

숨겨진 저의 죄까지 모두 아시는 하나님 아버지.
나름대로 신앙생활을 잘하고 있다고 생각하지만
하나님 앞에서 항상 어리석고 우매한 죄인임을 고백합니다.
내가 지은 모든 죄를 깨닫게 하사 회개하게 하시고
심령이 새롭게 되는 은혜를 허락해 주옵소서.

고난과 시련 속에서도 마음 관리를 잘하는 ○○(이)가 되길 원합니다.
멋있는 척, 마음 넓은 척, 믿음 좋은 척, 깨끗한 척하며 살지 않고,
보이는 것에 신경 쓰느라 보이지 않는 죄를 가볍게 여기지 않는 ○○(이)가 되게 하옵소서.
우리 ○○(이)의 마음속에 미움, 질투, 열등감, 의심, 불순종,
어리석음의 죄가 자랄 수 있는 틈을 주지 마옵소서.

저와 ○○(이)의 우매함을 주님의 지혜로 덮어 주시기를 간구합니다.
숨길 수 없는 죄를 가지고 용서와 회복의 주님 앞에 나아가오니,
마음에서 자라는 죄의 뿌리를 발견하고 뽑아 내는 복된 날이 되게 하시고,
삶의 변화를 간절히 바라며 이를 위해 행동하는 ○○(이)가 되게 하옵소서.
○○(이)가 착하고 친절한 마음, 정직하고 넓은 마음을 갖길 원하오니,
끝없이 배우는 태도로 삶을 대하고, 무지를 깨달을 때 겸손하며,
떨리는 마음으로 죄를 멀리하게 하옵소서.
죄를 깨닫게 하시는 예수님의 이름으로 기도합니다. 아멘.

하나님이여 주는 나의 우매함을 아시오니 나의 죄가 주 앞에서 숨김이 없나이다 [시 69:5]

"주님 앞에 감출 수 있는 것은 없습니다.
죄가 드러나고 회개할 수 있는 기회를 주신 것이 은혜입니다."

주의 말씀에서 보화를
발견하게 하소서

지혜의 근본이신 하나님 아버지.
말씀으로 이끄시고 말씀을 통하여 바른길을 알게 하시니 감사합니다.
앎의 자리에서 삶의 자리로 나아갈 수 있는 용기 주시길 원하오니
오감을 만족시키는 세상의 달콤한 유혹에서 우리 ○○(이)를 붙들어 주옵소서.

연약한 육신을 주님 앞에 맡기고 나아갈 때 주님 말씀으로 강건케 하시고,
탐욕으로 향하는 마음을 제어할 수 있는 힘을 주시며,
허탄한 것을 보는 눈을 돌이킬 수 있도록 성령님 인도하여 주옵소서.
○○(이)의 닫힌 눈을 열어 주셔서 말씀 속에서 영원하고 변함없는 진리를 찾게 하시고,
주님 안에서 보화를 발견하고 기뻐하는 ○○(이)가 되게 하옵소서.
지혜로운 말, 선한 말, 정의로운 말을 입에 담는 사람이 되게 하시고,
악한 자들의 부귀와 영화, 번영을 부러워하지 않으며, 선한 데 마음을 두게 하옵소서.

말씀이 마음에 새겨져 있을 때 깨끗한 행실로 영광 돌릴 수 있음을 기억합니다.
하나님의 말씀이 우리 ○○(이)의 마음을 이끄사 악한 길에서 벗어나게 하시고,
○○(이)가 혹 고난의 시간을 겪더라도 낙망하지 않고 진리의 말씀을 붙잡게 하옵소서.
말씀을 멀리하고 싶은 마음이 들 때 마음에 찔림을 주셔서 돌이키게 하시고,
반복적으로 넘어지는 죄의 문제를 주님 앞에 내려놓고 기도하게 하옵소서.
전심으로 주를 찾는 자를 만나 주시는 예수님의 이름으로 기도합니다. 아멘.

청년이 무엇으로 그의 행실을 깨끗하게 하리이까 주의 말씀만 지킬 따름이니이다 [시 119:9]

"빛이 되는 주의 말씀을 마음에 두고 즐거워하는 사람이 되기를 원합니다."

주어진 일에 최선을 다하고
결과는 주님께 맡기는 자녀가 되게 하소서

주님의 일을 기쁨으로 감당할 때 힘 주시는 하나님 아버지.
일찍 일어나 늦게 누우며 수고의 떡을 얻기에 바쁜 인생을 살아갑니다.
부지런히 일하지만 풍성한 열매를 맛보기는 어려운 현실입니다.
그러나 삶의 목적이 주님의 영광을 높이는 것임을 기억하며 주님을 경배합니다.
아버지와 함께 집을 세우는 선한 일꾼이 되게 하옵소서.

수고한 자에게 평안과 안식을 주시는 주님을 바라봅니다.
우리 ○○(이)의 모든 수고가 헛되지 않도록 하나님과 동행하는 삶을 살게 해 주시고,
학교, 직장, 가정, 교회, 거하는 곳에서 최선의 노력을 다하게 하옵소서.
맡은 일에 충성하는 ○○(이)가 되게 하시고,
공부하고 수고하며 준비한 모든 것들이 물거품 되지 않고 값진 열매를 맺게 하옵소서.
소망을 품고 열심히 배우며 실력을 쌓는 우리 ○○(이)의 길을 열어 주시고,
자기 재능을 발휘할 수 있는 좋은 곳을 잘 찾을 수 있도록 인도하옵소서.

주님이 세우시는 튼튼한 집에 거하기를 원하며,
주님이 지켜 주시는 견고한 성에서 안전하기를 원합니다.
아버지를 떠나서는 안식을 누릴 수 없고 평안할 수 없사오니,
저와 ○○(이)가 헛된 것을 위하여 시간과 힘을 낭비하지 않게 도와주옵소서.
수고한 자들의 안식처가 되시는 예수님의 이름으로 기도합니다. 아멘.

여호와께서 집을 세우지 아니하시면 세우는 자의 수고가 헛되며
여호와께서 성을 지키지 아니하시면 파수꾼의 깨어 있음이 헛되도다 [시 127:1]

"자녀의 삶에 하나님의 긴밀한 섭리와 인도하심이 함께하기를 소망합니다."

피난처 되신 주를 의지하게 하소서

사람을 통해 아버지의 뜻을 이루어 가시는 하나님.
주님의 일에 쓰임받는 저와 우리 ○○(이)가 되길 소망합니다.
모든 것을 아시며 어디에나 계신 능치 못할 일이 없으신 전능하신 하나님을 경배하며
모든 것을 공의로 판단하시는 공의로우신 하나님을 찬양하오니
오직 예수, 오직 말씀, 오직 기도로 승리하게 하옵소서.

○○(이)의 일거수일투족을 지켜보시고
마음속 생각까지도 감찰하시는 주님께 겸손히 나아갑니다.
부정적인 생각과 진실하지 못한 마음, 편협하고 위선적인 모습을 모두 버리고,
마음에 선한 양심을 갖게 하사 믿음의 말과 행동을 하며,
바르고 고운 언어로 사랑을 표현하는 우리 ○○(이)의 입술이 되게 하옵소서.

혹여 ○○(이)가 상처를 받아 용기를 잃었다면
○○(이)의 마음을 치료하시고 주님의 빛으로 ○○(이)의 마음 안에 있는 어둠을 몰아내사
완전하신 하나님의 다스림 가운데 다시 회복하여 힘을 얻게 하옵소서.
우리 ○○(이)를 살피시는 주님이 계시기에 제 마음이 평안합니다.
마음을 아시는 예수님의 이름으로 기도합니다. 아멘.

주께서 내가 앉고 일어섬을 아시고 멀리서도 나의 생각을 밝히 아시오며 나의 모든 길과 내가 눕는 것을 살펴보셨으므로 나의 모든 행위를 익히 아시오니 여호와여 내 혀의 말을 알지 못하시는 것이 하나도 없으시니이다. [시 139:2-4]

"작은 생각과 마음에 품은 뜻, 입술의 말과 행동까지도
모두 아시는 하나님을 기억합니다."

호흡이 있는 동안에
하나님 아버지를 찬양하게 하소서

찬양과 경배를 받아 주시는 하나님 아버지.
하나님께 감사하여 제 입술에서 찬양이 넘치길 소망하며
찬송의 제사를 기뻐 받으시는 아버지께 오늘도 찬양을 올려드립니다.

우리 ○○(이)도 주님의 구원과 회복, 승리와 능력을 입술로 찬양하길 원하며
하나님의 창조와 인도하심을 노래하며 사는 사람이 되길 원합니다.
매일 감사를 기록하고 입으로 주님의 은혜를 고백하는 ○○(이)가 되게 하옵소서.

우리 ○○(이)가 시편의 아름다운 찬양으로 하나님을 높이 경배하길 원합니다.
위대하시고 선하시며 인자하신 하나님 아버지로 인하여 기뻐하게 하시고,
주님의 오래 참으심과 보호하심을 찬송하며,
성실하고 정직한 삶으로 주님을 기쁘시게 하며,
시편을 읽으면서 온 마음으로 주님을 찬양하는 ○○(이)가 되게 하옵소서.

요새가 되시고, 방패가 되시고, 산성이 되시는 하나님을 찬양합니다.
○○(이)가 배운 모든 것들이 주님을 찬양하는 도구가 되게 하시고,
문학 작품, 그림, 사진, 악기, 과학적 발견과 탐구, 철학적 성찰 등
모든 학문과 지식을 동원하여 하나님을 경배하며,
살아 숨 쉬는 모든 순간에 아버지를 찬양하고 찬미하는 사람이 되게 하옵소서.
찬양받으실 예수님의 이름으로 기도합니다. 아멘.

할렐루야 내 영혼아 여호와를 찬양하라 나의 생전에 여호와를 찬양하며
나의 평생에 내 하나님을 찬송하리로다 [시 146:1-2]

"가정에서 자녀와 함께 찬양하며 하나님께 영광을 돌리길 원합니다."

어떤 상황에서도 지켜 주시는
주님을 바라보게 하소서

믿는 자들의 방패가 되어 주시는 하나님 아버지.
세상을 바라볼 때 몰려오는 두려움 앞에서 하나님께 시선을 고정합니다.
주님을 의지하며 기도함으로 참된 평안을 누리길 원합니다.

뉴스 미디어를 보고 있으면 마음에 두려움이 엄습해 옵니다.
가진 게 없어 불안하고, 능력이 없어 걱정되고, ○○(이)가 잘못될까 염려됩니다.
미래를 위한 대책을 스스로 마련하느라 지칠 때가 많고,
결국 보험과 저축, 스펙이 우리 가정을 안전하게 지켜 줄 것만 같은 착각을 하게 됩니다.
주님, 사건 사고가 끊이지 않는 세상에서 마음의 중심을 잡게 도와주옵소서.
불안한 세상에서 계속 마주하게 될 ○○(이)의 문제를 해결할 힘이 제게는 없습니다.
○○(이)를 돌보면서 늘 양육에 대한 두려움이 있고,
잘 키울 수 있을까? 잘못되면 어쩌지? 하는 불안과 염려가 끝없이 몰려옵니다.

그러나 두려워하는 마음은 하나님께서 주신 마음이 아님을 압니다.
우리 ○○(이)를 지키시는 주를 바라보며 담대함을 갖길 원합니다.
○○(이)의 발을 지켜 주셔서 걸려 넘어지지 않게 하시고
세미한 음성도 들으사 선한 길을 여시는 아버지와 동행하게 하옵소서.
삶의 주권을 하나님께 맡기고 말씀과 기도로 걱정을 물리칩니다.
생명줄 되시는 예수님의 이름으로 기도합니다. 아멘.

너는 갑작스러운 두려움도 악인에게 닥치는 멸망도 두려워하지 말라
대저 여호와는 네가 의지할 이시니라 네 발을 지켜 걸리지 않게 하시리라 [잠 3:25-26]

"자녀 양육의 문제 앞에서 하나님을 전적으로 의지하여 두려워하지 않기를 원합니다."

하나님이 기뻐하시는 모습으로
살아가게 하소서

참된 기쁨과 즐거움을 주시는 하나님 아버지.
말씀을 읽고 예배를 드리며 하나님 아버지를 더욱 닮아 가길 원합니다.
아버지 안에서 만족을 누리고 행복을 느끼는 우리 ○○(이)가 되기를 원합니다.
아버지께서 미워하시는 것, 싫어하시는 것을 분별하는 우리 ○○(이)가 되게 해 주옵소서.
이 말씀을 마음에 새기고 무의식중에라도 죄 가운데 거하지 않게 하옵소서.

우리 ○○(이)가 교만한 눈이 아닌 부드러운 눈을 가지게 하시고,
거짓된 혀가 아닌 사람을 살리는 아름다운 말을 하게 하시고,
무죄한 자의 피를 흘리는 손이 아닌 구제하고 나누고 돕는 손이 되게 하옵소서.
악한 일을 도모하지 않고 선한 사업을 벌이게 하시고,
악으로 달려가는 발이 아닌 섬김이 필요한 곳으로 향하는 거룩한 발이 되게 하옵소서.

거짓을 말하는 망령된 증인이 아닌 참된 것을 말하며,
무엇보다 복음의 진리를 선포하는 주님의 증인이 되게 하시고,
형제 사이를 이간하는 자가 아닌 회복시키며 하나 되게 하는 자로 쓰임받게 하옵소서.
아버지의 기쁨이 되는 저와 ○○(이)의 삶이 되기를 원합니다.
사랑과 진리를 전하는 삶으로 아버지께 영광 돌리게 하옵소서.
착한 일을 하도록 이끄시는 예수님의 이름으로 기도합니다. 아멘.

여호와께서 미워하시는 것 곧 그의 마음에 싫어하시는 것이 예닐곱 가지이니
곧 교만한 눈과 거짓된 혀와 무죄한 자의 피를 흘리는 손과 악한 계교를 꾀하는 마음과 빨리 악으로 달려가는
발과 거짓을 말하는 망령된 증인과 및 형제 사이를 이간하는 자이니라 [잠 6:16-19]

"좋은 마음을 가진 좋은 성품의 사람, 좋은 습관을 지닌 사람이 되길 원합니다."

지혜로운 자와 사귀게 하소서

세상을 통치하시는 하나님.
저를 사용하셔서 하나님의 뜻을 이루는 일에 동참하길 원합니다.
하나님의 나라가 이 땅에 임하길 원하며 삶으로 주님을 경배합니다.

우리 ○○(이)가 지혜로운 자와 동행하여 지혜를 얻게 하시고,
미련한 자와 사귀다가 후회하며 낙심하는 삶이 되지 않도록 도와주옵소서.
친구와 함께 공부하고, 예배의 자리, 찬양의 자리로 나아가는 ○○(이)가 되게 하시고,
하나님의 지혜를 얻기 위해 말씀을 가까이하며 교회의 지체들과 즐거이 교제함으로,
인생의 고락을 함께할 친구들을 만나게 하옵소서.

사랑과 분별력을 주셔서 믿지 않는 자들과도 건강한 관계를 맺게 하시고,
하나님을 두려워하는 사람, 주님 안에서 담대한 사람이 되게 하시며,
하나님을 인정하지 않는 사람, 두려움과 불안 속에 거하는 사람에게
하나님을 전할 수 있는 용기를 주옵소서.
이웃을 배려하면서 섬기는 사람들과 함께하는 즐거움을 주옵소서.
자신밖에 모르는 이기주의자일지라도 사랑으로 대하는 넓은 마음도 주옵소서.

하나님 아버지.
○○(이)가 다른 이들에게 선한 영향을 끼치는 지혜로운 자가 되길 원합니다.
단단한 믿음을 가지고서 하나님을 경배하며 담대하게 진리를 선포하게 하시고,
배려가 익숙하고 사랑이 습관이 된 아름다운 하나님의 자녀가 되게 하옵소서.
지혜의 왕이신 예수님의 이름으로 기도합니다. 아멘.

지혜로운 자와 동행하면 지혜를 얻고 미련한 자와 사귀면 해를 받느니라 [잠 13:20]

"하나님의 뜻에 합한 선한 일에 동참하는 그리스도인이 되게 하옵소서."

자녀의 걸음을
주님께서 인도하소서

인도자 되시는 하나님 아버지.
계획하고 노력하며 살아온 인생 가운데 주님의 세심한 돌보심이 있었음을 깨닫습니다.
하나님께서 저를 한순간도 잊지 않으시고 보호하셨기에 지금 이 자리에 있습니다.
앞으로의 삶 또한 하나님 아버지의 손에 맡기오니,
주님 뜻 안에서 새로운 계획을 세우고 사랑의 삶을 살게 하옵소서.

○○(이)가 스스로 계획을 세우고 일을 추진할 때
주님 안에서 꿈을 꾸며 비전을 발견하길 원합니다.
앉고 일어서며 눕는 모든 시간에 주님의 뜻을 살피는 사람이 되게 하시고,
자기 생각이 커져서 주님의 말씀이 들리지 않는 어리석음 가운데 있지 않게 하옵소서.
○○(이)가 인생의 계획을 세우며 진로 진학을 계획할 때,
배움의 길을 열어 주시고 만남의 복을 주셔서
반석이신 주님께 기초를 세우고 적성과 성품에 적합한 길을 가도록 인도하옵소서.

무리한 계획이나 잘못된 계획으로 돌아가는 순간이 찾아올 때,
그때가 주님을 깊이 만나는 시간이 될 줄 믿사오니
주님께서 ○○(이)의 낮아진 마음을 위로하여 주옵소서.
실수와 실패의 과정을 통해 성장과 성숙을 경험하는 ○○(이)가 되게 하옵소서.
나약하고 연약한 사람이 세운 계획을 인내함으로 지켜봐 주시는 주님께 감사합니다.
함께하시는 예수님의 이름으로 기도합니다. 아멘.

사람이 마음으로 자기의 길을 계획할지라도 그 걸음을 인도하는 자는 여호와시니라 [잠 16:9]

"인도하시는 주님과 함께 계획을 세우고
목표를 달성하고자 애쓰는 삶이 되길 원합니다."

주님을 자랑하는 자녀가 되게 하소서

넓고 크신 사랑을 베푸시는 하나님 아버지.
주님의 칭찬과 격려로 힘을 내는 오늘이 되길 소망합니다.
내일 일을 알 수 없는 인생입니다.
오늘 하루의 삶도 주님의 보호와 인도하심을 의지하며 살기 원합니다.

주님, 우리 ○○(이)가 자신이 가진 것을 자랑하는 것이 아니라
주신 분을 자랑하는 입술이 되게 하옵소서.
하나님 아버지의 사랑을 찬양하고 십자가를 자랑하게 하옵소서.
성실한 노력으로 이룬 모든 것이 자랑의 도구가 아닌 감사의 이유가 되게 하시고,
하나님께 받은 은혜를 기뻐하며 주님께 영광을 돌리는 ○○(이)가 되게 하옵소서.

○○(이)가 헛되고 무익한 것을 중시하고 자랑하는 어리석은 영혼이 되지 않게 하옵소서.
자기표현, 자기 PR이 중요한 시대에 그리스도인임을 부끄러워하지 않으며,
그리스도인의 정체성을 담아 자신을 표현하는 ○○(이)가 되게 하옵소서.
○○(이)가 누군가에게 칭찬받을 때 겸손하며 교만하지 않길 원합니다.
자랑하려는 순간에 입을 닫게 하시고, 자랑삼아 일하지 않으며,
오직 주님께 받을 상급을 바라보면서 묵묵히 사랑을 실천하고,
다른 사람들의 선한 마음과 일의 결과를 보며 기꺼이 칭찬하는 입술이 되게 하옵소서.
겸손하신 예수님의 이름으로 기도합니다. 아멘.

너는 내일 일을 자랑하지 말라 하루 동안에 무슨 일이 일어날는지 네가 알 수 없음이니라 타인이 너를 칭찬하게 하고
네 입으로는 하지 말며 외인이 너를 칭찬하게 하고 네 입술로는 하지 말지니라 [잠 27:1-2]

"칭찬받을 만한 행동을 하되 자랑으로 여기지 않는 겸손한 마음을 갖길 원합니다."

삶의 우선순위를 잘 세우게 하소서

세상을 창조하시고 구원을 완성하신 하나님 아버지.
아버지 없는 삶은 헛되고 헛될 뿐임을 알게 하시니 감사합니다.
아버지께 전심으로 예배하며 말씀대로 살기를 원합니다.

온갖 세상의 것들을 누리고 지혜를 겸비한 솔로몬은
모든 것이 헛되다고 고백합니다. 그러니 주님, 우리 ○○(이)가
눈이 원하고 마음이 즐거워하는 것을 좇아 살아가지 않도록 인도하옵소서.
삶의 진정한 의미를 존귀하신 주님과 동행하며 찾아가는 사람이 되게 하시고,
학생의 자리, 직장인의 자리, 각각 주어진 자리에서 맡겨진 일을 잘 감당하게 하옵소서.
세상이 주는 달콤한 유혹을 물리침으로 주님이 주시는 소망을 붙들게 하시고,
진짜 보물을 알아보는 지혜로운 안목을 갖는 ○○(이)가 되게 하옵소서.

분주하게 하루를 보내다 보면, 무익한 일을 하는지도 모를 때가 있습니다.
○○(이)가 하루의 계획을 세울 때 정말 중요한 일이 무엇인지 생각나게 도와주시고,
주님이 주신 거룩한 소명을 위해 수고하고 섬기는 인생을 살게 하옵소서.
하나님께서 아름다운 길로 이끌어 가실 우리 ○○(이)의 삶을 기대합니다.
무익한 삶 가운데 찾아오신 예수님의 이름으로 기도합니다. 아멘.

무엇이든지 내 눈이 원하는 것을 내가 금하지 아니하며 무엇이든지 내 마음이 즐거워하는 것을 내가 막지 아니하였으니
이는 나의 모든 수고를 내 마음이 기뻐하였음이라 이것이 나의 모든 수고로 말미암아 얻은 몫이로다 그 후에 내가 생각해 본즉
내 손으로 한 모든 일과 내가 수고한 모든 것이 다 헛되어 바람을 잡는 것이며 해 아래에서 무익한 것이로다 [전 2:10-11]

"헛된 것을 위해 열심히 살아가는 인생이 아니라,
하나님의 뜻을 구하고 이루며 살아가는 복된 삶이 되길 원합니다."

하나님의 때를 기대하며
기다리게 하소서

적절한 때에 완전한 길로 인도하시는 하나님 아버지.
조급한 마음을 내려놓고 주님의 때를 기다립니다.
저를 향한 주님의 계획이 있음을 알고, 하나님의 시간에 맞춰 살아가기를 원합니다.

부모가 되어 인내심의 한계를 느낄 때가 있습니다.
좌절과 분노의 감정으로 ○○(이)에게 한결같은 사랑을 표현하지 못했습니다.
제 부족함을 참고 기다리시는 아버지의 마음으로 ○○(이)를 바라보길 원하오니
조바심, 염려, 절망이 아닌 기대와 소망을 품고서 ○○(이)를 축복하게 하시고,
말씀이 주인 된 삶을 살아가는 저와 우리 ○○(이)가 되게 하옵소서.

가정에 허락하신 약속의 땅을 바라볼 수 있는 믿음의 눈이 필요합니다.
제 삶에 찾아오시고 만나 주신 주님께서 우리 ○○(이)의 삶에도 찾아오실 줄 믿사오니
기도가 속히 응답되지 않는다고, 제가 원하는 때가 아니라고 실망하지 않게 하옵소서.
○○(이)를 향한 하나님 아버지의 뜻이 이루어지길 기대하며 기도하오니
하나님 아버지의 때와 방식을 절대적으로 신뢰하고 인내하게 하옵소서.

지나고 보면 모든 것이 주님의 은혜였음을 고백하게 됩니다.
오랜 기다림으로 지치고 낙심하며 우울감이 들 때 마음을 지킬 만한 힘을 주시고,
작은 일에 일희일비하지 않으며, 하나님께서 이루실 큰 그림을 보게 하옵소서.
우리 ○○(이)를 가장 잘 아시고 사랑하시는 주님을 온전히 신뢰하길 원합니다.
가장 좋은 때를 아시는 예수님의 이름으로 기도합니다. 아멘.

범사에 기한이 있고 천하만사가 다 때가 있나니 [전 3:1]

"지금까지 이끄신 주님을 바라보며
자녀의 때를 기다리는 부모가 되기를 원합니다."

새 힘을 주셔서 피곤치 않게 하소서

날마다 새 힘을 주시는 소망의 하나님.
주를 사랑하며 바라보는 자에게 참된 열정을 주심을 믿습니다.
두려움과 불안이 마음에 가득할 때 능력의 주님을 의지합니다.
○○(이)를 양육하면서 새로운 것을 깨닫고 배웁니다.
길고 긴 시간 ○○(이)를 돌보면서 인내와 사랑, 긍휼의 아버지 하나님을 바라봅니다.
새 힘을 주셔서 피곤치 않게 하시고, 지친 몸을 다시 일으킬 수 있게 도와주옵소서.

주님. 육아 우울증을 호소하는 부모, 자녀와 갈등하는 부모가 많은 시대입니다.
하나님 아버지의 도움을 간절히 바라며 도움의 손길을 의지합니다.
단기간에 결과를 확인할 수 없는 자녀 교육의 길이지만 지치지 않고 완주하게 하시며,
아무것도 할 수 없을 만큼 무기력한 때에 제 손을 붙잡아 일으켜 주옵소서.
내 힘과 능력이 아닌 주님이 공급하시는 힘으로 감사하며 ○○(이)를 돌보길 원하오니,
부모의 입장을 내세우면서 ○○(이)의 요구에 귀를 닫지 않도록 저를 깨우쳐 주시고,
○○(이)의 내면을 잘 살펴 상한 마음을 위로할 수 있는 지혜를 주옵소서.

매일 반복되는 일상이 새롭게 보이기를 원합니다.
부모가 되게 하신 주님께 감사하면서,
○○(이)를 돌볼 때 사랑과 기쁨이 넘치기를 원합니다.
평안과 기쁨을 주시는 예수님의 이름으로 기도합니다. 아멘.

오직 여호와를 앙망하는 자는 새 힘을 얻으리니 독수리가 날개치며 올라감 같을 것이요 달음박질하여도
곤비하지 아니하겠고 걸어가도 피곤하지 아니하리로다 [사 40:31]

"내 힘을 빼고 하나님을 앙망함으로,
피곤치 않고 지치지 않는 자녀 양육의 시간이 되길 원합니다."

주님의 손바닥에 새기신 자녀를
안전하게 보호해 주소서

잊지 아니하시고 보호해 주시는 주님.
주님의 손바닥에 새겨진 거룩한 백성으로 살게 하시니 감사합니다.
주님의 보호 아래서 안식을 누리며 주님을 위한 소망을 가지고 살아갑니다.
주님은 부모인 저보다 더 세심하게 우리 ○○(이)를 돌보아 주시는 분임을 믿습니다.
○○(이)를 향한 제 마음이 크다고 해도 주님의 마음에 비할 수 없음을 고백하오니,
열 달 동안 배 속에서 자라고 태어나 품 안에서 고이 키운 자녀를 주님께 맡깁니다.

바람직한 삶의 방향을 ○○(이)에게 알려 주는 훈육의 과정에서 지치지 않게 하시고,
○○(이)의 인생의 성벽을 주님께서 항상 지켜 주옵소서.
주님의 보호하심을 날마다 기억하는 담대한 ○○(이)가 되게 하시고,
자기 힘으로 해결하기 어려운 일을 당할 때 주님을 의지하여 힘과 지혜를 얻으며,
주님 안에서 만족과 기쁨을 누리는 우리 ○○(이)의 삶이 되게 하옵소서.

○○(이)를 향한 긍휼의 마음과 더 크고 깊은 사랑이 부모인 저에게 필요합니다.
○○(이)와의 관계에서 생기는 갈등을 피하지 않고
진실된 소통을 통해 지혜롭게 해결할 수 있도록 도와주옵소서.
부모가 되어 하나님 아버지의 마음을 더 알고 기도할 수 있어 감사합니다.
○○(이)를 기억하시고 돌보시는 예수님의 이름으로 기도합니다. 아멘.

여인이 어찌 그 젖 먹는 자식을 잊겠으며 자기 태에서 난 아들을 긍휼히 여기지 않겠느냐
그들은 혹시 잊을지라도 나는 너를 잊지 아니할 것이라
내가 너를 내 손바닥에 새겼고 너의 성벽이 항상 내 앞에 있나니 [사 49:15-16]

"우리를 안전하게 보호해 주시는 하나님께 자녀를 맡기고 평안을 누립니다."

물가에 심어진 나무처럼
결실하게 하소서

절망 중에 위로가 되시는 하나님 아버지.
소망 되시는 주님으로 인하여 기쁘고 감사한 오늘입니다.
주님을 의지하는 자에게 주시는 평안을 누립니다.
무릇 사람을 믿고 육신으로 힘을 삼으며 주님을 떠난 삶을 경계하오니
우리 ○○(이)가 오직 하나님만을 신뢰하고 따르는 사람이 되게 하옵소서.

자신의 건강한 육체와 실력을 믿고서 자만하지 않게 도와주시고,
주님을 의지하고 의뢰함으로 복을 받는 인생 되게 하옵소서.
○○(이)가 물가에 심어진 나무처럼 때에 맞는 열매를 거두게 하시고,
뿌리를 강변에 뻗치고 더위에도 청청한 나무처럼 주님 안에서 강하게 하옵소서.
○○(이)가 게임이나 영상 등 특정한 것에 얽매여 시간을 낭비하지 않고
하나님의 말씀에 뿌리를 깊게 내리는 ○○(이)가 되게 하옵소서.

자녀 중심의 가정이 아니라 그리스도 중심의 가정 세우기를 원하오니
자제력을 가지고 일관성 있게 ○○(이)를 훈육하는 부모가 되게 하시고,
○○(이)의 잘못을 책망할 때 비난과 비판이 아닌 성경적인 가르침으로 훈계하게 하옵소서.
열매 맺게 하시는 예수님의 이름으로 기도합니다. 아멘.

그러나 무릇 여호와를 의지하며 여호와를 의뢰하는 그 사람은 복을 받을 것이라
그는 물가에 심어진 나무가 그 뿌리를 강변에 뻗치고 더위가 올지라도 두려워하지 아니하며
그 잎이 청청하며 가무는 해에도 걱정이 없고 결실이 그치지 아니함 같으리라 [렘 17:7-8]

"하나님을 의지하는 자에게 주시는 복을 받아 근심과 걱정이 없는 삶, 풍성한 열매를 맺는 삶을 소망합니다."

말씀을 듣고 읽을 때 분별력을 주소서

성경을 통해 분명한 뜻을 알려 주신 하나님 아버지.
주님의 뜻이 우리 ○○(이)의 삶을 통해 이 땅 가운데서 이루어지길 소망합니다.
하나님을 사랑하고 이웃을 사랑할 때 우리 안에 하나님 나라가 임하는 줄 믿습니다.
우리 ○○(이)가 하나님의 사랑과 자비, 용서와 평안을 선포하는 말씀을 들으며
사랑과 자비와 용서의 사람이 되기로 결단하길 소망합니다.
하나님의 심판과 진노에 관한 말씀을 들으며 회개하는 믿음을 주옵소서.

탐욕이 가득하고 정의가 흐르지 않는 곳에서는 하나님의 말씀을 들을 수 없습니다.
말씀을 듣지 못해 갈급한 영혼이 되지 않도록 ○○(이)에게 영의 양식을 채워 주시고,
자기 마음대로 헛된 것을 가르치는 자의 말을 분별할 수 있도록 지혜를 주옵소서.
들리는 말씀, 듣기 좋은 말씀에 ○○(이)가 무조건 '아멘'하지 않으며
성경 말씀과 좋은 신앙 서적을 읽어 하나님의 뜻을 바르게 알도록 도와주옵소서.

분별함 없이 믿고 따르다가 이단에 빠지지 않도록 악에서 보호하여 주시고,
말씀을 듣고 읽고 배울 때, 진지하게 상고하며 질문하는 ○○(이)가 되게 하시며,
○○(이)가 궁금해하는 신앙의 질문에 바르게 대답할 수 있는 부모로 준비되게 하옵소서.
묻고 답하는 과정을 통해 ○○(이)와 제가 흔들리지 않는 견고한 믿음을 갖기 원합니다.
진리의 길로 인도하시는 예수님의 이름으로 기도합니다. 아멘.

만군의 여호와께서 이와 같이 말씀하시되 너희에게 예언하는 선지자들의 말을 듣지 말라그들은 너희에게 헛된 것을
가르치나니 그들이 말한 묵시는 자기 마음으로 말미암은 것이요 여호와의 입에서 나온 것이 아니니라 [렘 23:16]

"아무것도 묻지 말고 믿으며, 아무것도 묻지 말고 따르라고 배운 자녀는
이단에 빠질 위험이 큽니다. 질문하고 답을 찾는 과정을 통해 견고한 믿음 안에 거하게 됩니다."

서로를 위해 기도하는
부모와 자녀가 되게 하소서

부르짖어 기도할 때 들으시는 하나님.
마음의 소원을 아시고 저의 필요를 아시는 하나님께 부르짖으며 나아갑니다.
부르짖는 자를 만나 주시는 하나님을 오늘 뵙기 원합니다.
온 마음으로 하나님을 구하고 찾는 인생 되게 하옵소서.

주님께서 우리 가정을 가장 선한 길로 인도하실 줄 믿습니다.
신뢰할 만한 부모, 성령님과 동행하는 부모가 되게 하옵소서.
○○(이)를 믿음으로 가르치고 사랑으로 섬기고 있지만, 여전히 부족함을 느낍니다.
○○(이)를 위해 무엇을 해주어야 할 때와 기다리며 기도할 때를 잘 알게 하옵소서.
육의 양식으로 ○○(이)의 배를 채우고, 영의 양식으로 ○○(이)의 마음을 채우기 원합니다.
영과 육이 채워져 가며 ○○(이)와 함께 기도할 때, 주님께서 우리 가운데 거하실 줄 믿습니다.
주님만이 우리 ○○(이)의 완전한 보호자요, 공급자가 되심을 고백하오니
주님, 최고의 선물인 '기도'를 자녀에게 가르치게 하옵소서.

○○(이)가 건강한 자존감을 가지고 부모에게서 독립하여
성숙한 성인이 되기까지 신앙의 뿌리가 튼튼하고 견고해지게 하시고,
○○(이)의 미래를 위해 교육에 집중하다가 제가 ○○(이)에게 집착하지 않도록 도와주옵소서.
모든 문제를 주님께 맡기고 주님이 주시는 참된 평안과 자유를 누리길 원합니다.
응답을 주시는 예수님의 이름으로 기도합니다. 아멘.

너희가 내게 부르짖으며 내게 와서 기도하면 내가 너희들의 기도를 들을 것이요
너희가 온 마음으로 나를 구하면 나를 찾을 것이요 나를 만나리라 [렘 29:12-13]

"자녀에게 삶의 문제를 주님께 맡기며 기도하도록 가르치는 부모가 되고 싶습니다."

부르짖어 기도할 때
주님의 일을 보여 주소서

깊은 웅덩이에서 건져 주시는 하나님 아버지.
고통과 시련을 통해 낙심하고 좌절하는 자를 일으켜 세워 주시니 감사합니다.
삶과 죽음이 주님 손에 달려 있사오니 사나 죽으나 내 영혼은 안전합니다.

주님께 부르짖을 때 가장 좋은 응답을 주시는 하나님을 신뢰합니다.
알 수 없는 크고 은밀한 일들을 기도할 때 보여 주신다는 약속을 믿습니다.
부르짖는 자에게 응답하시는 하나님을 의지하오니
극한 상황에서도 마음을 지킬 수 있는 믿음을 주시고
일을 행하시고 성취하시는 하나님을 간절히 찾으며 기도하게 하옵소서.

주어진 상황을 섣불리 판단하지 않게 하시고,
지나친 기대를 가지고 ○○(이)의 실수에 대해 압박하거나 두렵게 하지 말게 하옵소서.
하나님의 크고 은밀한 일은 ○○(이) 자신의 생각과 다를 수 있음을 알게 해주셔서,
문제가 발생하고 불편함을 감수하는 시간을 통해 ○○(이)가 성장하게 하옵소서.

우리 ○○(이)가 하나님께서 보여 주신 응답에 '아멘' 하게 하시고,
망가진 삶을 회복시키시며 꼬인 문제를 풀어 주시는 하나님을 경험하게 하옵소서.
지금까지 지켜 주신 하나님의 은혜에 감사할 줄 아는 ○○(이)가 되길 원합니다.
작은 신음에도 응답하시는 예수님의 이름으로 기도합니다. 아멘.

일을 행하시는 여호와, 그것을 만들며 성취하시는 여호와, 그의 이름을 여호와라 하는 이가 이와 같이 이르시도다
너는 내게 부르짖으라 내가 네게 응답하겠고 네가 알지 못하는 크고 은밀한 일을 네게 보이리라 [렘 33:2-3]

"불가능한 일 앞에서, 현실적인 문제 앞에서 주님께 기도하며 나아갑니다."

가정의 파수꾼으로 세우신 뜻에
합당한 부모가 되게 하소서

부모를 가정의 파수꾼으로 세우신 하나님 아버지.
우리 ○○(이)를 세상과 구별된 자로 양육할 책임을 맡겨 주심에 감사합니다.
우리 가정을 세상의 유혹과 죄로부터 잘 지켜 내기를 원하오니
양육에 필요한 능력을 주셔서 파수꾼의 역할을 기쁨으로 감당하게 하옵소서.

높은 곳에 올라 적의 동태를 살피는 파수꾼은 매순간 경계를 늦추지 않아야 합니다.
그러니 주님, 부모인 제가 먼저 말씀 앞에서 항상 깨어 있게 하옵소서.
위험이 닥칠 때 경종을 울려야 하는 파수꾼이 위험이 오는 줄 모르면
성안의 모든 백성의 안전이 지켜지지 않습니다.
분별력을 주셔서 사단이 놓은 덫에 걸리지 않게 하시고,
부모의 사명을 다른 누군가에게 맡김으로 책임을 회피하지 않게 하옵소서.

주님, 사회와 문화를 통찰하는 지혜가 필요합니다.
죄의 유혹을 단호하게 거절하되 세상의 변화에 무감각하지 않게 하시고,
세상이 추구하는 것을 따르지 않고 하나님의 기준을 따라 살며
말씀으로 ○○(이)를 깨우치는 일을 최우선 순위에 두는 부모가 되게 하옵소서.
약점이 있는 ○○(이)를 인격체로 존중하고,
말씀을 잣대 삼아 ○○(이)의 삶의 방향을 세워 가며,
○○(이)의 믿음이 자라고 하나님을 만나는 과정에 부모가 선한 영향력을 미치게 하옵소서.
사명을 감당할 때 함께하시는 예수님의 이름으로 기도합니다. 아멘.

인자야 내가 너를 이스라엘 족속의 파수꾼으로 세웠으니
너는 내 입의 말을 듣고 나를 대신하여 그들을 깨우치라 [겔 3:17]

"하나님의 말씀을 알고 세상을 분별하며
지혜롭게 살아가는 부모가 되기를 원합니다."

정의로운 자, 겸손한 자가 되게 하소서

선한 길로 인도하시는 하나님 아버지.
아버지의 뜻을 말씀으로 알려 주시고 예수님의 삶으로 보여 주심에 감사합니다.
겸손하고 온유하신 주님을 닮은 그리스도인이 되게 하옵소서.

하나님이 기뻐하시며 요구하시는 것을 바로 알고 살아가길 원하오니
○○(이)의 잘못된 행동을 꾸짖기보다 올바른 행동을 칭찬하며,
○○(이)의 감정과 생각을 자의적으로 판단하지 않고
묻고 들어 주는 부모가 되게 하옵소서.
통제하고 규칙을 강요하기보다 ○○(이)가 있어야 할 자리와 가야 할 방향을 알려 주며
스스로 길을 걷도록 안내하는 부모가 되게 하시고
정직한 마음과 겸손한 마음으로 하나님 앞에 나아가는 ○○(이)가 되게 하옵소서.

하나님은 불의한 재물을 축적하거나
상거래에서 부정을 행하는 부자들의 횡포를 미워하십니다.
○○(이)가 정의로운 삶으로 하나님의 자녀임을 나타내길 원하오니
불의한 일에 동조하지 않고, 정의로운 일을 위해 용기를 내며,
긍정적인 태도와 감사의 마음을 가지고서
주변에 좋은 영향을 끼치는 ○○(이)가 되게 하옵소서.
정의를 기뻐하시는 예수님의 이름으로 기도합니다. 아멘.

사람아 주께서 선한 것이 무엇임을 네게 보이셨나니 여호와께서 네게 구하시는 것은
오직 정의를 행하며 인자를 사랑하며 겸손하게 네 하나님과 함께 행하는 것이 아니냐 [미 6:8]

"하나님과 동행하고, 이웃을 사랑하며,
겸손하게 정의를 행하는 삶이 하나님께서 원하시는 선한 길입니다."

주님만이 참만족과 기쁨을
주시는 분임을 알게 하소서

구원자 되시고 피난처 되시는 하나님 아버지.
주님께서 주시는 힘으로 오늘도 감사하고 기뻐하며 찬양합니다.
우여곡절이 많은 삶이었지만 찾아보면 감사할 것이 많은 인생이었음을 고백합니다.
힘든 상황 속에서 찬양할 때마다 위로와 소망의 하나님이 찾아와 주셔서 감사합니다.

○○(이)에게서 자라는 싹이 보이지 않고 열매를 기대하기 어려울 때,
○○(이)가 근심의 주인공이 되고 문제를 일으킬 때,
○○로 인해 기뻐할 일이 전혀 없을 때,
처한 상황은 어둡고 답답하지만 그럼에도 불구하고
끊임없는 희생과 수시로 터져 나오는 분노의 상황들이 저를 성숙하게 하며
○○(이)의 존재 자체가 저의 기쁨과 감사의 이유가 되오니
주님, 소망의 하나님을 바라보며 기뻐하게 하옵소서.

즐거울 일이 없을지라도 주님을 바라보며 기뻐하는 성숙함이 있기를 원합니다.
가진 것이 많아서가 아니라 주님과 함께함이 저의 기쁨임을 고백합니다.
○○(이)와 함께할 수 있는 지금 이 시간을 소중하게 여기고
웃는 얼굴과 부드러운 목소리, 열린 마음으로 ○○(이)와 소통하게 하옵소서.
기쁨의 근원 되시는 예수님의 이름으로 기도합니다. 아멘.

비록 무화과나무가 무성하지 못하며 포도나무에 열매가 없으며
감람나무에 소출이 없으며 밭에 먹을 것이 없으며 우리에 양이 없으며 외양간에 소가 없을지라도
나는 여호와로 말미암아 즐거워하며 나의 구원의 하나님으로 말미암아 기뻐하리로다 [합 3:17-18]

"기뻐할 수 없는 그때 하나님으로 말미암아 기뻐하는
하박국 선지자의 찬양이 저의 고백이 되길 소망합니다."

성령으로 잉태된
예수 그리스도를 믿게 하소서

자비로우신 하나님 아버지.
성령의 역사로 예수님을 이 땅에 보내신 하나님 아버지의 사랑은 놀랍고 위대합니다.
구약 성경 창세기에서 하나님이 말씀으로 천지를 창조하셨음을 선포하시고,
신약 성경 마태복음에서 예수 그리스도가 성령으로 잉태되었음을 선포하신 주님.
그 말씀을 제가 믿습니다. 우리 ○○(이)도 동일한 믿음을 고백하길 원합니다.
사람의 상식으로는 이해하기 어려운 말씀들이 믿어지기를 원합니다.

처녀가 잉태하여 아들을 낳고 그의 이름은 임마누엘이라 하리라는 이사야의 예언이
예수님께서 이 땅에 오심으로 성취되었사오니
우리 ○○(이)가 오실 예수님과 오신 예수님에 관하여 기록한 구약과 신약의 말씀을 읽으며
참하나님이시고 참사람이신 예수님을 깊이 만나게 하옵소서.

우리 ○○(이)가 예수님이 사람의 몸을 입고 오신 것을 기뻐하며 찬양하고,
인간의 한계를 뛰어넘는 성경 속의 기적을 부인하지 않도록 도와주옵소서.
십자가에서 죽으심으로 인류를 구원하신 예수님,
부활하시고 승천하신 예수님,
다시 오실 예수님을 믿고 기다리는 ○○(이)가 되게 하옵소서.
하나님 나라를 완성하실 예수님의 이름으로 기도합니다. 아멘.

예수 그리스도의 나심은 이러하니라 그의 어머니 마리아가 요셉과 약혼하고 동거하기 전에
성령으로 잉태된 것이 나타났더니 [마 1:18]

"인간의 생각을 뛰어넘는 성령의 역사를 믿습니다."

인간관계를 소중히 여기는 자녀 되게 하소서

선하신 하나님, 하나님 외에는 선한 분이 없습니다.
착하게 살기 위해 애를 쓰지만 이미 제 안에 죄가 가득합니다.
제 힘으로는 할 수 없지만, 주님이 찾아오셔서 선한 길로 인도해 주옵소서.
율법은 눈에는 눈으로, 이에는 이로 갚으라 하지만
주님은 악한 자를 대적하지 말라고 하십니다.
오른편 뺨을 치면 왼편도 돌려 대라고 하십니다.

그러니 주님, 너무 어렵습니다.
십자가에서 악한 군중을 대하는 주님의 인내는 제가 너무도 본받기 어려운 사랑입니다.
그러나 주님, 어제보다 오늘 조금 더 그 사랑을 닮길 원합니다.
우리 ○○(이)가 억지로 오 리를 가게 하는 자와 십 리를 동행할 수 있도록,
도움을 청하는 자가 마음에 들지 않아도 거절하지 않고 도울 수 있도록,
새로운 사람을 만나고 함께 일을 할 때 배척하지 않고 넓은 마음으로 품을 수 있도록,
○○(이)가 학교나 사회생활을 하며 듣고 싶지 않은 대답, 거절하는 대답을 들었을 때
화를 내지 않고 유연하게 대처할 수 있도록 ○○(이)에게 은혜를 더하여 주옵소서.

○○(이)가 불편한 사람들과 있을 때 마음을 닫지 않고 소통하되,
진리를 거스르는 악한 행동을 요구받을 때는 단호하게 거절하게 하옵소서.
원수까지 사랑하라는 주님의 말씀을 감당할 수 있을 만큼 믿음이 자라길 원합니다.
온전한 길로 인도하시는 예수님의 이름으로 기도합니다. 아멘.

또 누구든지 너로 억지로 오 리를 가게 하거든 그 사람과 십 리를 동행하고
네게 구하는 자에게 주며 네게 꾸고자 하는 자에게 거절하지 말라 [마 5:41-42]

"마음으로부터 우러나오는 선한 행실로 좋은 관계를 맺길 원합니다."

하나님을 주인으로 모시고
살아가는 자녀 되게 하소서

마음의 중심을 아시는 하나님 아버지.
주님만을 섬기고 주님만을 자랑하며 살기 원합니다.
아버지의 뜻에 순종할 때 가장 좋은 길로 인도하실 줄 믿습니다.

한 사람이 두 주인을 섬기지 못한다는 말씀으로 제 중심을 돌아봅니다.
하나님을 모시고 살면서 동시에 자녀, 재물, 명예를 소중하게 여겼던 것을 회개합니다.
○○(이)가 우상이 되는 자녀 중심의 삶을 살지 않고
재물이 삶의 목적이 되어 재물에 눈이 먼 삶을 살지 않으며,
오롯이 성실한 청지기의 삶을 살게 하옵소서.

제 욕심을 채우고자 ○○(이)에게 공부를 강요하지 않게 하시고
제가 이루지 못한 꿈을 ○○(이)를 통해 대리 만족하려는 마음을 버리게 하옵소서.
○○(이)를 마음의 중심에 둘 때 저도 모르는 사이에 ○○(이)가 우상이 될 수 있음을 압니다.
○○(이)에게 최고의 것을 주려고 하기보다 기본 습관을 잘 다져 주는 부모가 되게 하시고,
바꿀 수 없는 ○○(이)의 모습에 마음을 두기보다 하나님께 시선을 고정하게 하옵소서.
○○(이)가 두 마음을 품지 않고 주님만 바라는 온전한 신앙인으로 세워지기를 원합니다.
영광 받으실 예수님의 이름으로 기도합니다. 아멘.

한 사람이 두 주인을 섬기지 못할 것이니 혹 이를 미워하고 저를 사랑하거나 혹 이를 중히 여기고 저를 경히 여김이라
너희가 하나님과 재물을 겸하여 섬기지 못하느니라 [마 6:24]

"자녀, 돈, 명예 때문에 마음이 흔들리지 않으며,
하나님을 중심에 모시고서 견고하게 살기를 소망합니다."

43일

좁은 문, 좁은 길을 기뻐하며
걸어가게 하소서

우주 만물의 주인이신 하나님 아버지.
시공간을 초월하시고 지금 이곳에 저와 함께하시는 아버지를 경배합니다.
주님의 십자가 보혈로 만드신 생명의 길은 모두에게 열려 있지만,
좁고 협착하여 찾는 이가 적은 길입니다.
그러나 주님이 홀로 가신 십자가 길을 따라가는 우리 ○○(이)가 되게 하옵소서.
핍박과 박해는 없어도 세상을 거스르는 좁은 문이 믿음의 길 앞에 놓여 있사오니,
어려움과 고난을 견디고 믿음을 지킨 신약 시대 믿음의 선배들을 본받아
희생과 고통을 감내하면서 좁은 문으로 들어갈 수 있는 믿음을 주옵소서.

주님, 우리 ○○(이)가 진짜 구원의 문인 예수님을 향하여 가길 원합니다.
활짝 열어 놓은 넓고 화려한 가짜 문의 유혹에 마음 빼앗기지 않길 바라며
나보다 우리 ○○(이)가 더 큰 믿음의 사람으로 자라나게 하옵소서.
따스한 사랑으로 돌보며 옳지 않은 행동에 단호하게 훈계하는 부모가 되게 하시고,
부모의 언어로 ○○(이)를 규정짓지 않으며 변화 가능성을 기대하면서 응원하게 하옵소서.

크고 넓은 길에서 만족과 행복을 찾아도 그곳에는 참된 기쁨이 없사오니
먼 훗날 좁은 길의 끝에서 반갑게 맞아 주실 주님을 기대하며 고통을 이겨 내게 하옵소서.
사랑으로 품어 주실 예수님의 이름으로 기도합니다. 아멘.

좁은 문으로 들어가라 멸망으로 인도하는 문은 크고 그 길이 넓어 그리로 들어가는 자가 많고
생명으로 인도하는 문은 좁고 길이 협착하여 찾는 자가 적음이라 [마 7:13-14]

"좁고 길이 협착하여 찾는 자가 적은 좁은 문,
그 길 끝에 주님께서 기다리고 계심을 믿으며 걸어갑니다."

44일

반석이신 예수님과 동행하게 하소서

주권자 되시는 하나님 아버지.
주님의 말씀이 제 삶의 방향을 이끌어 가는 기준이 됩니다.
복음의 진리를 깨닫게 하시며 십자가를 바라보도록 인도하시는 성령님을 의지하오니,
지식과 경험과 행위를 의지하는 마음을 버리고 오직 말씀만을 붙드는 부모가 되게 하시며,
우리 ○○(이)도 견고한 반석 위에 집을 짓는 지혜로운 사람이 되게 하옵소서.

말씀을 듣고 말씀대로 행하는 ○○(이)가 되게 하시고
문제없는 삶이 아니라 문제가 있을 때 문제를 직시하고서 주님과 함께 풀어 가며,
분주한 일상에서도 주님의 말씀을 잊어버리지 않도록 우선순위를 잘 살피면서
하나님을 만나는 시간을 소중히 여겨 주님 품 안에서 쉼을 누리는 ○○(이)가 되게 하옵소서.
학교나 직장에서 보내는 긴 시간에도 그리스도인의 정체성을 잃지 않고,
말씀 안에서 해야 할 일과 하지 말아야 할 일을 잘 구분하며 행하게 하옵소서.

친구에게 양보와 배려를 하면서도 자신을 보호할 수 있는 힘을 가진 ○○(이)가 되게 하시고,
잘하는 일과 하고 싶은 일을 찾아서 전념함으로 그 일로 주님께 영광 돌리며,
목자의 음성을 잘 알아듣는 양처럼 주님 말씀하실 때 속히 반응하여
민감함과 분별력을 가지고 거짓 목자의 음성을 멀리하는 ○○(이)가 되게 하옵소서.
거친 풍랑을 능히 막아 주시는 예수님의 이름으로 기도합니다. 아멘.

그러므로 누구든지 나의 이 말을 듣고 행하는 자는 그 집을 반석 위에 지은 지혜로운 사람 같으리니 비가 내리고
창수가 나고 바람이 불어 그 집에 부딪히되 무너지지 아니하나니 이는 주추를 반석 위에 놓은 까닭이요 [마 7:24-25]

"그리스도 안에서 섬기고 배우고 사랑할 때,
무너지지 않는 견고한 믿음의 사람이 될 줄 믿습니다."

뱀같이 지혜롭고 비둘기같이
순결하게 하소서

기도를 들으시는 하나님 아버지.
자녀의 간구에 귀를 기울이시는 좋으신 아버지 하나님을 사랑합니다.
악한 세상에서 주님의 자녀로 담대하게 살기 위해서는 지혜가 필요합니다.
주님의 거룩한 지혜로 제 삶을 주장하여 주옵소서.

열두 제자를 부르시고 복음 전파를 위해 세상으로 보내신 예수님.
제자들이 박해당할 것을 아셨기에 주님은 그들에게 능력의 옷을 입혀 주셨습니다.
주님을 믿는 자에게 좋은 일과 나쁜 일, 어려운 일이 있을 수 있음을 아오니
주님, 우리 ○○(이)가 어떤 상황에서도 주님을 믿고 의지하며
상황을 분별하고 거짓을 밝혀 내는 지혜를 주옵소서.

사회생활과 사람과의 관계에 서툴지라도
미혹에 넘어가지 않도록 우리 ○○(이)를 보호하여 주시고,
또래 집단의 압력에 휘둘리지 않고 성경적 세계관으로 무장되게 하옵소서.
믿지 않는 이들과 함께 살아가더라도 세상 문화에 젖어 들지 않도록 붙들어 주시고
어리석어 보이는 믿음이 도리어 ○○(이)를 붙드는 지혜로움이 되며
연약해 보이는 온유함으로 성령의 능력을 나타내는 삶이 되게 하옵소서.
값없이 용서를 베푸신 예수님의 이름으로 기도합니다. 아멘.

보라 내가 너희를 보냄이 양을 이리 가운데로 보냄과 같도다
그러므로 너희는 뱀같이 지혜롭고 비둘기같이 순결하라 [마 10:16]

"예수님을 따르는 제자의 삶이란,
영광스러운 날을 바라보면서 조롱과 박해도 감수하는 삶입니다."

생명을 귀하게 여기는
자녀가 되게 하소서

생명의 근원 되시는 하나님 아버지.
정해진 시간 안에 갇혀 사는 인간을 불쌍히 여기사 영원을 선물로 주시니 감사합니다.
예수님을 믿는 자에게 영생을 주셨으니 이 땅에서 소망을 품고 살아갑니다.
제자들에게 자기 십자가를 지고 따르라고 말씀하신 주님.
인간 중심의 사고를 벗어 버리고 이해하기 어려운 말씀일지라도 순종하게 도와주시고,
목숨을 구하고자 할 때 잃게 되고 주님을 위해 목숨을 잃으면 찾으리라는
말씀의 신비를 깨닫게 하옵소서.

○○(이)가 이 땅에서의 삶에 시선을 두느라 영원한 하나님 나라를 잊지 않기를 원합니다.
행한 대로 갚으시고 상 주시는 주님을 바라보게 하옵소서.
○○(이)가 영생의 선물을 소중하게 여기며 살아가게 하시고,
귀하신 주님의 보혈로 값 주고 사신 생명을 건강하게 잘 돌보는 선택을 하게 하시며,
살아 있는 존재를 대할 때 주님께 하듯 정성을 다하는 ○○(이)가 되게 하옵소서.

교육을 통해 ○○(이)가 하나님이 만드신 세상을 더 잘 알고 창조의 목적을 깨닫게 하시고,
미디어에서 전달하는 다양한 사상과 왜곡된 정보를 잘 분별하는 ○○(이)가 되게 하옵소서.
생명을 잉태하고 출산하여 양육하는 사명 또한 귀하게 여기며,
생명보다 더 귀한 것이 없음을 마음에 새기고 살아가는 ○○(이)가 되게 하옵소서.
영광을 받으실 예수님의 이름으로 기도합니다. 아멘.

사람이 만일 온 천하를 얻고도 제 목숨을 잃으면 무엇이 유익하리요
사람이 무엇을 주고 제 목숨과 바꾸겠느냐 [마 16:26]

"모든 것을 가져도 영원한 생명을 얻지 못하면 아무것도 아닌 인생이 됩니다."

모여서 기도하는
가정이 되게 하소서

함께하시는 하나님 아버지.
예수님의 십자가 고난을 통해 휘장이 갈라지고 아버지께 나아갈 길이 열렸습니다.
기도를 가르쳐 주셔서 언제든지 아버지 앞에 나오게 하시니 감사합니다.

우리는 연약하지만 기도할 때 주님이 함께하셔서 강하게 됨을 믿습니다.
의심이 많은 자가 기도할 때 믿음의 확신과 소망을 주시는 주님.
기도할 수 있어서, 기도를 들어 주셔서, 가장 좋은 응답을 주셔서 감사합니다.
탄식하는 소리와 부르짖는 외침에, 때마다 적절한 위로를 주시는 주님.
기도할 때 제 마음을 치료해 주시는 주님을 만납니다.

두세 사람이 예수님의 이름으로 모여 기도할 때 함께하신다는 약속을 주셨사오니
부모가 줄 수 있는 가장 좋은 것, ○○(이)를 위한 기도를 쉬지 않게 하옵소서.
저와 ○○(이)가 함께 말씀을 붙들고 기도하는 가정이 되게 하시고,
가정과 학교, 친구와 이웃, 교회와 공정한 사회를 위해 함께 기도하게 하옵소서.

○○(이)가 전공 분야에서 꾸준한 훈련을 통해 비범한 실력을 갖추기 원합니다.
꾸준히 기도하며 영성과 지성을 겸비한 탁월한 그리스도인으로 성장하게 하옵소서.
○○(이)가 기도해야 할 때와 몸을 움직여야 할 때를 잘 구분하고 움직이길 원합니다.
성공과 실패의 관점을 버리고 주님과 소통하며 과정을 즐기는 ○○(이)가 되게 하옵소서.
늘 기도하시는 예수님의 이름으로 기도합니다. 아멘.

섬기러 오신 예수님을 따라
낮은 자리에서 섬기게 하소서

섬기는 자가 큰 자라고 말씀하시는 하나님 아버지.
주님이 보여 주신 섬김의 삶을 따라가기 원합니다.
○○(이)가 예수님을 따라 낮은 자리에서 섬기며 삶의 참된 기쁨을 누리기 원하오니
세상 모든 존재가 평가의 대상이 아님을 기억하고 소중히 여기는 마음을 주옵소서.
뛰어난 사람을 시기 질투하며 명예와 부귀를 탐하지 않도록 도와주옵소서.

주님의 우편과 좌편에 앉기를 원하는 제자들에게 주님은 말씀하셨습니다.
"누구든지 크고자 하는 자는 섬기는 자가 되어야 하고
으뜸이 되고자 하는 자는 종이 되어야 한다."
그러니 주님, 힘 있는 사람들이 높은 자리를 차지하고
힘이 없는 자들을 착취하는 세상에서
사랑의 공동체를 세워 가는 ○○(이)가 되게 하옵소서.
돈이면 무엇이든 할 수 있다고 여기며 사람보다 돈을 중요시하는 시대에
다른 사람을 섬기기 위해 배우고 일하는 자녀가 되게 하옵소서.
어떤 사람이 되고, 무엇을 하며 살아야 할지,
○○(이)가 가치와 신념을 어릴 때부터 잘 세워 가도록 인도하여 주옵소서.

외로운 사람들을 돌아보는 따뜻한 마음을 갖게 하시고,
주위의 아픈 사람들을 위로하고 도움의 손길을 내미는 나눔의 삶을 살게 하옵소서.
절망과 낙심의 자리에서 힘들어하는 이들에게 소망의 복음을 전하길 원합니다.
낮은 곳에 임하신 예수님의 이름으로 기도합니다. 아멘.

너희 중에 누구든지 으뜸이 되고자 하는 자는 모든 사람의 종이 되어야 하리라 인자가 온 것은 섬김을 받으려 함이 아니라
도리어 섬기려 하고 자기 목숨을 많은 사람의 대속물로 주려 함이니라 [막 10:44-45]

"크고자 하는 자는 섬기는 자가 되어야 합니다."

겉과 속이 일치하는
그리스도인이 되게 하소서

사랑으로 인내하시는 하나님 아버지.

영원한 생명을 선물로 주시기 위해 오래 참으시는 주님의 은혜를 감사합니다.

저를 기다려 주신 주님의 인내는 지금도 계속되기에,

성화의 여정에서 돌아서거나 멈추지 않고 완주하여 주님의 기쁨이 되길 원합니다.

말씀의 지식이 판단과 정죄의 도구로 사용되어 ○○(이)의 마음을 아프게 했습니다.

주님께 영광을 돌리지 못하고 ○○(이)에게 덕을 세우지 못했던 죄를 회개합니다.

○○(이)의 눈 속에 있는 티를 사랑으로 바라보는 여유를 주시고,

제 눈의 들보에 아파하며 주님의 긍휼을 구하는 자가 되게 하옵소서.

다른 사람의 약점과 실수를 너그러운 마음으로 이해하는 ○○(이)가 되게 하옵소서.

쉽게 충고하고 가르치려는 교만을 버리고 배우려는 태도를 갖게 하시고,

말씀의 거울 앞에 자신을 비춰 보며 거룩한 변화와 성장의 길로 나아가게 하옵소서.

말씀을 힘입어 회개할 때 상한 마음을 치유받는 자녀가 되게 하옵소서.

주님, ○○(이)와 속마음을 터놓고 이야기하며 서로의 결점까지 감싸 주길 원합니다.

저와 ○○(이)의 겉과 속이 일치하여 진심으로 사람을 대하게 하시고,

남 탓을 하며 책임을 회피하려는 나쁜 습관을 버리게 하옵소서.

화목 제물이 되신 예수님의 이름으로 기도합니다. 아멘.

어찌하여 형제의 눈 속에 있는 티는 보고 네 눈 속에 있는 들보는 깨닫지 못하느냐 [눅 6:41]

"자신의 결점을 발견하고 고치는 데 관심을 쏟고,
오래 참아 주신 주님을 닮아 다른 이들에게 인내로 다가가는 사람이 되길 원합니다."

선한 마음과 선한 행실로
주님의 영광을 나타내게 하소서

선하신 하나님 아버지.
세상에 선하신 분은 하나님 한 분뿐임을 고백합니다.
예수님을 믿는 자들을 선한 길로 인도해 주시니
참되시고 거짓이 없으신 아버지를 경배합니다.

마음속에 있는 것이 겉으로 드러난다는 사실을 기억합니다.
그러니 주님, 선한 마음을 품고 선한 말과 행동을 하며 살도록 인도하옵소서.
악한 마음에서 나오는 악한 열매를 보고 빨리 돌이킬 수 있도록 도와주옵소서.
○○(이)가 옳지 않은 말과 행동을 할 때,
드러난 행동보다 잘못된 마음 상태를 볼 수 있는 지혜를 주옵소서.
친구와 비교하며 질투하고 열등감을 느끼기보다 자기 삶에 집중하는 ○○(이)가 되게 하시고,
마음속의 악한 것들을 주님의 십자가 보혈로 깨끗하게 씻어 주옵소서.

마음에 품은 좋은 생각을 말하는 하루가 되길 원합니다.
마음에 사랑을 가득 채우고서 ○○(이)를 칭찬하고 격려할 때 주님의 임재를 보게 하시고,
주님을 닮은 선한 마음을 품고 착하게 살아가는 ○○(이)가 되게 하옵소서.
선한 일을 하도록 인도하시는 예수님의 이름으로 기도합니다. 아멘.

선한 사람은 마음에 쌓은 선에서 선을 내고 악한 자는 그 쌓은 악에서 악을 내나니
이는 마음에 가득한 것을 입으로 말함이니라 [눅 6:45]

"저와 자녀의 마음에 무엇이 가득한지 잘 관찰하고,
잘못된 마음 상태를 점검해야겠습니다."

말씀을 듣고 인내로
결실하게 하소서

때를 따라 도우시고 자라게 하시는 하나님 아버지.
지나온 삶 속에서 하나님의 섭리를 발견하며 감사를 고백합니다.
숲의 나무와 바다의 동물을 보호하시고 지키시는 하나님의 손길이 놀랍습니다.

주님의 도우심으로 살아왔다고 고백하면서도 염려를 버리지 못할 때가 많습니다.
말씀의 능력으로 살아야 하는데, 가시떨기에 말씀을 심어놓고 안심했습니다.
우승과 승리, 성공과 성취를 추구하느라 환경 파괴와 빈부 격차,
소외된 이웃에 무관심했던 죄를 회개합니다. 그러니 주님,
○○(이)가 삶을 풍요롭게 하는 돈에 지나치게 마음을 빼앗기지 않게 하옵소서.
인생을 살아가면서 중요한 것을 너무 늦게 알고 후회하지 않게 하옵소서.

더 갖기 위해 욕심을 내기보다 주신 것을 감사함으로 누리길 원하오니
말씀을 들은 후 흘려버리지 않고 깊게 생각하는 저와 ○○(이)가 되게 하시고,
주님과의 교제, 이웃과의 나눔을 기뻐하고 즐거워하는 저와 ○○(이)가 되게 하옵소서.
복잡하고 변화무쌍한 사회에서 변함이 없는 반석이신 주님께 ○○(이)를 맡깁니다.
좋은 땅에 심어진 씨앗처럼 말씀이 ○○(이)에게 뿌리를 내리고 온전히 결실하게 하옵소서.
기쁨을 주시는 예수님의 이름으로 기도합니다. 아멘.

가시떨기에 떨어졌다는 것은 말씀을 들은 자이나 지내는 중 이생의 염려와 재물과 향락에 기운이 막혀
온전히 결실하지 못하는 자요 좋은 땅에 있다는 것은
착하고 좋은 마음으로 말씀을 듣고 지키어 인내로 결실하는 자니라 [눅 8:14-15]

"착하고 좋은 마음으로 말씀을 듣고 지키는 수고, 때를 기다리는 인내로 좋은 열매 맺기를 원합니다."

힘없고 소외된 자를 사랑으로
섬기게 하소서

구하는 자에게 지혜를 주시고 선한 것으로 응답하시는 하나님 아버지.
말씀을 주셔서 하나님을 알게 하시니 감사합니다.
세상의 가치가 이끄는 길로 가지 않도록, 말씀을 통해 확실한 뜻을 보여 주옵소서.
작은 어린아이를 영접하는 것이 아버지를 영접하는 것이라는 주님의 말씀을 기억합니다.

'공부해서 남을 돕는 사람이 되라'고 가르치지만,
○○(이)가 높아지기를 바라는 마음이 제 안에 있음을 고백합니다.
하늘 보좌를 버리시고 낮은 곳에 임하셔서 죄인의 몸을 입으신 주님을 따르기 원하오니
작고 연약한 자, 힘없고 소외된 자들을 볼 수 있도록 자녀의 눈을 열어 주시고,
높은 지위와 명예에 눈을 돌리지 않고 주님을 위해 공부하는 ○○(이)가 되게 하옵소서.

리더의 자리, 돕는 자리 구분하지 않고 ○○(이)가 하나님의 사역에 동참하게 하시고,
고통과 어려움이 있는 곳에 주님도 함께 거하심을 알고 환난을 견디게 하옵소서.
○○(이)가 후배와 동생, 나이가 어린 자에게 함부로 대하지 않게 하시고,
친구를 귀중히 여기며 대접받고자 하는 대로 대접하는 자녀가 되게 하옵소서.
아무도 보는 사람이 없을 때도 주님의 시선을 의식하고 행동하는 ○○(이)가 되길 원합니다.
작은 자를 크다고 하시는 예수님의 이름으로 기도합니다. 아멘.

제자 중에서 누가 크냐 하는 변론이 일어나니 그들에게 이르시되 누구든지 내 이름으로 이런 어린아이를 영접하면
곧 나를 영접함이요 또 누구든지 나를 영접하면 곧 나를 보내신 이를 영접함이라
너희 모든 사람 중에 가장 작은 그가 큰 자니라 [눅 9:46, 48]

"높은 곳에 마음을 두지 않고 주님처럼 연약한 자,
힘없고 소외된 자를 향하여 나아가는 부모가 되고 싶습니다."

아는 것을 삶에 실천하는
부모와 자녀가 되게 하소서

사랑의 하나님 아버지. 한없이 크신 아버지의 사랑과
한 생명을 천하보다 귀하게 여기시는 아버지의 마음을 알게 하시니 감사합니다.
자격 없는 부족한 자에게 베푸신 은혜를 기억합니다.
오늘 만나는 사람에게 사랑의 빛을 나타내며 살게 하옵소서.

영생을 얻기 위해 무엇을 해야 하는지 지식적으로만 알고 있는 율법 교사를 봅니다.
'사마리아인의 비유'를 통해 진정한 이웃이 누구인지 가르쳐 주셔서 감사합니다.
사랑은 머리가 아닌 마음으로, 손과 발로 보여야 함을 기억하고 실천하게 하옵소서.

학습과 미디어에 일찍부터 노출된 이 시대의 자녀들은 여러 가지 지식을 자랑합니다.
자녀의 지식과 재능을 보며 부모들은 기뻐합니다.
저도 ○○(이)의 작은 성취를 자랑스럽게 여기며 칭찬하는 부모였습니다.
그러나 오늘 말씀을 통해 하나님의 마음을 깨닫습니다.
○○(이)가 하나님을 알고 이웃에게 사랑을 베풀 때 더 기뻐하고 즐거워하길 원하오니
사랑으로 행하는 작은 일을 더욱 크게 칭찬하는 부모가 되게 하시고,
불쌍히 여기는 마음을 가지고서 우는 자와 함께 우는 ○○(이)가 되게 하옵소서.
사랑 자체이신 예수님의 이름으로 기도합니다. 아멘.

어떤 율법 교사가 일어나 예수를 시험하여 이르되 선생님 내가 무엇을 하여야 영생을 얻으리이까
대답하여 이르되 네 마음을 다하며 목숨을 다하며 힘을 다하며 뜻을 다하여 주 너의 하나님을 사랑하고
또한 네 이웃을 네 자신 같이 사랑하라 하였나이다 [눅 10:27]

"믿음의 부모는 '앎'이 아닌 '삶'을 중요하게 여깁니다.
아는 대로 행동할 때 인정해 주고 칭찬합니다."

54일

무엇보다 성령 충만을 구하는
자녀가 되게 하소서

부르시고 소명을 주시는 하나님 아버지.
택함받은 자녀로 복음의 능력을 힘입어 살아가는 것이 은혜입니다.
부르심에 합당한 삶으로 영광 돌리게 하옵소서.
구하고 찾는 것을 주시는 아버지께 간구합니다.
무엇을 구하고 찾아야 할지, 어떤 문을 두드려야 할지 주님의 뜻을 알려 주옵소서.

구하는 자에게 성령을 주신다고 약속하셨사오니
○○(이)의 기도에 응답해 주셔서 성령의 일하심을 경험하게 하시고,
삶의 목적, 마음의 소원이 아버지의 뜻에 합당하도록 성령님께서 이끌어 주시며,
악을 이길 능력과 고난을 감당할 힘을 ○○(이)에게 주옵소서.
의심의 눈초리가 사랑의 눈빛으로 변하는 성령의 역사를 체험하게 하시고,
돌같이 굳은 ○○(이)의 마음이 성령의 은혜로 부드러워지게 하옵소서.

삶의 순간마다 성령님이 함께하셔서 옳은 선택을 하게 하옵소서.
자신만 사랑하는 자아도취와 이기주의를 멀리하는 ○○(이)가 되게 하옵소서.
자신의 결점까지도 인정하는 너그러운 마음을 주옵소서.
자기의 소견대로 살지 않고 아버지의 뜻대로 살아가는 ○○(이)가 되기를 원합니다.
마음을 붙드시는 예수님의 이름으로 기도합니다. 아멘.

너희가 악할지라도 좋은 것을 자식에게 줄 줄 알거든
하물며 너희 하늘 아버지께서 구하는 자에게 성령을 주시지 않겠느냐 하시니라 [눅 11:13]

"하나님께 무엇을 구하며 살고 있는지 점검하는 시간입니다.
성령님과 동행하며 참된 기쁨을 누리길 원합니다."

자녀의 있는 모습 그대로
품어 주는 부모가 되게 하소서

탕자를 기다리고 받아 주시는 하나님 아버지.
자녀가 돌아오기를 애타게 기다리시는 아버지의 마음을 저도 닮기 원합니다.
죄를 용서하시고 넘치는 사랑으로 품어 주시는 아버지를 찬양하오니,
제 힘이 아닌 아버지의 능력으로 저도 자녀에게 관대한 부모가 되게 하옵소서.

허랑방탕하게 재산을 낭비하고 거지가 되어 돌아온 탕자에게
좋은 옷을 입히고 잔치를 베푸시는 아버지의 사랑이 놀랍습니다.
동생을 위한 잔치에 참여하기를 거부하는 큰아들의 마음이 제 마음일 때가 있습니다.
잘잘못을 따지지 않고 아들을 찾았음에 기쁨을 누리는 아버지의 마음,
그 마음을 제가 본받기 원하오니
○○(이)의 어긋난 행동과 부족한 모습에 노하여 잘못을 따지는 부모가 되지 않게 하시고,
낙심한 자녀가 언제든 안길 수 있는 넉넉한 품을 가진 부모가 되게 하옵소서.

실패와 죄악으로 더는 의지할 곳 없는 ○○(이)에게 의지할 수 있는 부모가 되게 하시고,
쉼이나 재충전이 필요할 때 ○○(이)가 저를 찾을 수 있도록 준비된 부모가 되게 하옵소서.
두려움 가운데 있는 ○○(이)가 부모의 사랑을 통하여 용기를 갖게 하시고,
잘못을 들추지 않고 함께함만으로 기뻐하며,
아버지와 같이 화해와 연합을 기뻐하는 부모로 살게 하옵소서.
기다리시고 환영해 주시는 예수님의 이름으로 기도합니다. 아멘.

아버지는 종들에게 이르되 제일 좋은 옷을 내어다가 입히고 손에 가락지를 끼우고 발에 신을 신기라
그리고 살진 송아지를 끌어다가 잡으라 우리가 먹고 즐기자 [눅 15:22-23]

"잘못을 용서하고 실수를 용납하는 관대한 부모,
자녀가 언제든 돌아올 수 있는 품을 가진 부모가 되기를 원합니다."

그날이 언제 임할지 알 수 없으니
항상 깨어 있게 하소서

준비하시고 이루시는 하나님 아버지.
아버지의 전능하신 손길이 제 삶을 인도하시니 제겐 두려움이 없습니다.
예비하신 은혜를 누리며 선물같이 주어진 오늘을 기쁨으로 살아가게 하옵소서.

종말에 관심을 가지는 사람들에게 주님은 그때를 아무도 알 수 없다고 말씀하십니다.
그러니 주님, 항상 기도하며 깨어 있는 ○○(이)가 되게 하시고,
'언제'보다'어떻게'종말을 맞이할까에 관심을 가지고서 구별된 삶을 살게 하시며,
성령과 지혜가 충만한 칭찬받는 ○○(이)가 되게 하옵소서.
한순간 마음을 놓으면 유혹이 찾아오고 근심과 걱정이 마음을 채웁니다.
방탕하고 술에 취하는 문화를 단호하게 거부할 줄 아는 ○○(이)가 되게 하시고,
삶의 여러 가지 염려로 주님 오실 날에 대한 소망을 잃지 않도록 마음을 지켜 주옵소서.

무분별하게 세상과 벗하며 살아가지 않고 푯대를 향하여 전진하게 하옵소서.
아버지와 친밀한 관계를 맺으며 순종의 삶을 사는 ○○(이)가 되게 하옵소서.
쾌락과 음란을 즐기며 정결하지 못한 삶의 자리로 나아가지 않도록 보호해 주옵소서.
시대의 변화를 따르는 삶이 아닌 변함없는 주님을 신실하게 따르는 삶 되길 원합니다.
다시 오실 예수님의 이름으로 기도합니다. 아멘.

너희는 스스로 조심하라 그렇지 않으면 방탕함과 술취함과 생활의 염려로 마음이 둔하여지고
뜻밖에 그날이 덫과 같이 너희에게 임하리라 [눅 21:34]

"전쟁터에 나가는 군인들이 무장하고 긴장하며 깨어 있듯이,
자녀가 하나님의 군사로 절제된 삶을 살기 원합니다."

스스로 생각하고 옳은 길을
선택하게 하소서

인간에게 뛰어난 두뇌를 만들어 주신 하나님 아버지.
우리에게 사고하며 창조하는 능력을 주심에 감사합니다.
창조주 하나님의 형상을 따라 지음받았으니 이 땅에서 창조적인 삶을 살기 원합니다.

군중들은 민란과 살인으로 옥에 갇힌 바라바를 놓아 주라고 소리칩니다.
무리 안에서 개인의 판단력이 작동하지 않고 집단 이기주의에 빠지는 모습을 봅니다.
주님, 예수님을 십자가에 못 박으라고 소리치는 군중 가운데 제가 서지 않길 원하오니
시대를 읽지 못하고 정의를 분별하지 못하는 그리스도인이 되지 않게 하옵소서.

○○(이)가 책 읽기를 좋아하고 질문하는 신앙인이 되기를 원합니다.
좋은 책을 읽고 사고의 폭이 넓어지며 필요한 순간에 읽은 것이 기억나기를 원합니다.
가치 판단을 할 수 있기 위해 사고력을 키우는 저와 ○○(이)가 되게 하옵소서.
○○(이)와 성경적인 가치를 나누며 올바른 삶을 세워 가게 하옵소서.

'왜'라는 질문을 하면서 말씀과 책을 읽게 하시고,
생각하고 질문하며 바른 뜻을 찾아가는 학생이 되게 하시며,
목소리를 내기 전에 심사숙고하는 태도를 보이게 하옵소서.
○○(이)가 혹여 엉뚱한 질문을 할 때가 있더라도
진심을 담아 현명한 답을 줄 수 있는 지혜를 저에게 주옵소서.
깨닫게 하시는 예수님의 이름으로 기도합니다. 아멘.

무리가 일제히 소리 질러 이르되 이 사람을 없이 하고 바라바를 우리에게 놓아 주소서 하니
이 바라바는 성 중에서 일어난 민란과 살인으로 말미암아 옥에 갇힌 자러라 [눅 23:18-19]

"무리에 휩쓸리지 않고 생각하고 질문하며 말씀으로
답을 찾아 바른 선택을 하는 가정이 되고 싶습니다."

자녀의 문제를 하나님께
맡기게 하소서

간절한 기도를 들으시는 하나님 아버지.
제 힘으로 어쩌지 못하는 상황에서 주님께 손을 높이 듭니다.
제 앞에 펼쳐진 어려움이 하나님의 영광을 나타내는 도구가 되길 바랍니다.
잔칫집에 중요한 포도주가 떨어졌습니다. 마리아는 예수님께 사실을 알립니다.
믿음이 있어야, 해결해 주실 것을 확신해야 주님을 찾을 수 있사오니
주님, 저에게 의심하지 않는 견고한 믿음을 주옵소서.

○○(이)를 양육하다 보면 예상치 못한 일을 수없이 만나게 됩니다.
마음 아파하는 ○○(이)를 어떻게 도와야 할지 몰라 고통스럽습니다.
저와 성격이 다른 ○○(이)와 원만한 관계를 맺는 것이 어렵습니다.
○○(이)의 부족한 모습이 너무 크게 보여서 비난의 화살을 쏘기도 합니다.
주님이 주신 입으로 찬양은커녕 ○○(이)의 마음을 찌르는 악한 말을 쏟아 냅니다.
부모로서 준비되지 못한 제가 부모가 되어 마음이 힘들 때가 많습니다.

주님, 저를 불쌍히 여겨 주옵소서. 주님의 지혜가 저에게 필요합니다.
주님께 간구하오니 저의 생각을 새롭게 하셔서 좋은 방법을 찾게 하옵소서.
기도하며 ○○(이)의 문제를 하나하나 풀어 가게 도와주옵소서.
불가능을 가능케 하시는 예수님의 이름으로 기도합니다. 아멘.

포도주가 떨어진지라 예수의 어머니가 예수에게 이르되 저들에게 포도주가 없다 하니 [요 2:3]

"자녀를 양육하며 마주하는 다양한 문제 앞에서
먼저 주님께 기도하며 도움을 간구하는 자세가 필요합니다."

예수를 믿게 하는 증언이 담긴 성경을
즐거운 마음으로 읽게 하소서

언약을 성취하시는 하나님 아버지.
말씀대로 이 땅에 오시고 십자가의 보혈로 죄를 대속하신 예수님을 경배합니다.
믿는 자들을 성화의 길로 인도하시는 성령님을 찬양하며
다시 오실 주님을 기다리면서 간절함으로 기도합니다.
주님, 삶의 마지막 순간까지 거룩한 길에서 벗어나지 않게 하옵소서.

성경 66권이 예수님에 대하여 말씀하시는 것을 ○○(이)가 알기 원합니다.
하늘에 오르신 예수님이 마지막 때에 재림주로
다시 오심을 믿음으로 고백하는 ○○(이)가 되길 원합니다.
성경을 수없이 많이 읽어도 주님을 구주로 영접하지 못하는 이들이 있습니다.
성경을 왜곡되게 해석하고 이해하는 사람들도 있습니다.
주님, 성경을 읽고 하나님의 뜻을 분별하는 ○○(이)가 되게 하옵소서.
○○(이)가 말씀을 읽을 때 곳곳에서 예수님의 흔적을 발견하여 감동하게 하시고,
성경을 읽을 때 자신의 죄를 깨닫고 회개하는 ○○(이)가 되게 하시며,
율법 지식에 뛰어난 바리새인이 되지 않도록 겸손하게 기도의 자리를 지키게 하옵소서.

우리 ○○(이)가 아침마다 일어나서 "주님 뜻대로 인도하소서."라고 선포하길 원합니다.
공부를 시작하기 전에 말씀을 읽으며 하루를 시작하고,
묵상한 말씀을 기억하며 하루를 보내게 하옵소서.
온전케 하시는 예수님의 이름으로 기도합니다. 아멘.

너희가 성경에서 영생을 얻는 줄 생각하고 성경을 연구하거니와
이 성경이 곧 내게 대하여 증언하는 것이니라 [요 5:39]

"창세기부터 요한계시록까지 말씀을 읽으며 예수님을 깊이 만나길 원합니다."

예수님의 부활을 믿음으로
의인의 부활을 기대하게 하소서

시작과 끝이 되시는 하나님 아버지.
잠을 자고 아침에 일어나는 순간에 생명 주신 하나님을 생각합니다.
또 하루의 삶을 선물로 주신 아버지께 감사를 드립니다.
살아서 주님을 영화롭게 하고 죽어서도 주님을 찬양하는 자녀가 되게 하옵소서.

많은 사람이 예수님을 성인으로, 역사 속에서 남다르게 살다가 이 세상을 떠난
특별한 사람으로 여기며 성경을 경전이 아닌 고전으로 읽습니다.
그러나 주님, 성경의 말씀대로 예수님은 십자가에 달려 죽은 지 사흘 만에
부활하시고 승천하셔서 하나님 우편에 앉아 계심을 믿습니다.
그러니 주님, 옥에 갇혀 매를 맞고 죽임을 당하는 가운데서도
십자가 죽음과 부활을 증언한 신앙의 선배들을 기억하며
지금 이곳에서 빛과 소금으로 살아가는 ○○(이)가 되게 하옵소서.
○○(이)가 예수님을 단지 성인의 한 사람으로 바라보는 것이 아니라
믿는 자들의 부활의 첫 열매가 되셨음을 믿음으로 고백하게 하옵소서.
부활하신 주님을 찬양하며 자신의 부활을 소망하는 ○○(이)가 되게 하옵소서.

영원한 하나님 나라가 우리의 본향임을 기억하며 살아가는 ○○(이)가 되길 원합니다.
이 땅의 화려함에 취하지 않고 세계 복음화를 위해 기도하는 ○○(이)가 되게 하옵소서.
죽어야 사는 생명의 신비를 깨닫게 하시고
죽음을 두려워하지 않는 믿음을 주옵소서.
영생을 주시는 예수님의 이름으로 기도합니다. 아멘.

나는 부활이요 생명이니 나를 믿는 자는 죽어도 살겠고 무릇 살아서
나를 믿는 자는 영원히 죽지 아니하리니 이것을 네가 믿느냐 [요 11:25-26]

"죽음은 끝이 아닙니다. 하나님 나라에서의 영원한 생명을
약속받은 성도에게는 죽음이 새로운 시작입니다."

자녀를 혼내기보다 사랑으로
보듬게 하소서

죄인들을 부르시고 자녀 삼아 주신 하나님 아버지.
제자들과 함께 이 땅에서의 삶을 보내시고
끝까지 제자들을 사랑하신 주님을 경배합니다.

누가 크냐며 자리다툼을 하는 제자들을 보시며 마음 아프셨을 주님을 생각합니다.
십자가의 죽음을 앞둔 예수님은 제자들의 모습이 어떠하든지 변함없는 사랑을 베푸셨습니다.
제자들의 발을 씻어 주시며 본을 보이신 예수님을 바라봅니다.

주님, 저는 ○○(이)의 다툼과 시기하는 모습을 볼 때 참는 것이 어렵습니다.
사랑할 줄 모르는 ○○(이)를 늘 사랑으로 대하지 못했습니다.
타인의 마음을 헤아리지 못하는 ○○(이)를 미워한 때도 있습니다.
자기 중심적인 ○○(이)를 보며 악한 말을 했던 적도 있습니다.
형제간에 서로 사랑할 수 있도록 돕기보다 서로를 더 대적하도록 이끌었습니다.
저의 지혜롭지 못했던 모습을 회개합니다.

주님의 사랑을 의지하여 오늘 ○○(이)에게 조건 없는 사랑을 주고자 합니다.
○○(이)의 어떠함이 저의 행동과 말에 영향을 주지 않기 원하오니
중단하지 않고, 차별 없이, 끝까지 ○○(이)를 사랑으로 대할 수 있는 힘을 주옵소서.
사랑으로 제자들을 섬기신 예수님의 이름으로 기도합니다. 아멘.

유월절 전에 예수께서 자기가 세상을 떠나 아버지께로 돌아가실 때가 이른 줄 아시고
세상에 있는 자기 사람들을 사랑하시되 끝까지 사랑하시니라 [요 13:1]

"인정받기 위해 경쟁하며 다투는 자녀에게
조건 없는 사랑, 차별 없는 사랑을 주는 부모가 되고 싶습니다."

입술로만이 아니라 마음과 삶으로
주님을 사랑하게 하소서

사랑과 공의의 하나님 아버지.
주님은 십자가 고난을 통해 아버지의 공의와 사랑을 보여 주셨습니다.
믿는 자들이 이 땅 가운데서 공의를 행하고 서로 사랑하기 원하셨기 때문입니다.
주님, ○○(이)가 아버지의 계명을 지킴으로 주님을 향한 사랑을 표현하게 하옵소서.

아버지를 사랑한다고 고백하면서 말씀대로 살지 못했던 것을 회개합니다.
교회 안에서의 모습과 집에서의 모습이 한결같은 부모가 되기를 원합니다.
○○(이) 앞에서 더욱 겸손하고 온유한 주님을 닮은 부모로 살게 하옵소서.
○○(이)도 학교와 교회에서 동일하게 온전한 신앙을 지키며 살게 하옵소서.
교회와 학교에서 선생님과 친구들에게 인정받고 칭찬받는 자녀가 되게 하옵소서.
삶의 순간순간 행동으로 사랑을 실천하게 도와주시고,
주님의 상급을 바라보면서 은밀하게 선을 행하고 자랑하지 않게 하옵소서.

작은 일을 할 때도 정의로운 선택을 하는 ○○(이)가 되게 하시고,
○○(이)가 자신의 처지나 환경을 받아들이며 인정하되 소망을 버리거나 포기하지 않게 하옵소서.
이웃의 아픔에 함께할 줄 알며, 공의롭지 못한 세상의 부조리에 맞서는 사람이 되게 하옵소서.
아버지의 사랑이 저와 ○○(이)의 마음에 충만하길 원합니다.
사랑으로 일으키시는 예수님의 이름으로 기도합니다. 아멘.

나의 계명을 지키는 자라야 나를 사랑하는 자니 나를 사랑하는 자는
내 아버지께 사랑을 받을 것이요 나도 그를 사랑하여 그에게 나를 나타내리라 [요 14:21]

"상대를 알 때 제대로 사랑할 수 있습니다. 주님을 알아야 주님을
사랑할 수 있습니다. 말씀을 읽고 기도할 때 주님을 만날 수 있습니다.

주님이 이 땅에 보내신 목적대로
살아가게 하소서

평강을 주시는 하나님 아버지.

예수님을 이 땅에 보내셔서 잃어버린 자들을 찾아 자녀 삼아 주심에 감사합니다.

하늘 보좌를 버리고 죄를 대속하시기 위해 이 땅에 오신 예수님을 찬양합니다.

주님의 사랑으로 율법의 구속에서 벗어나 평안과 자유를 누립니다.

아버지께 받은 평강을 다른 이들에게 전하는 자로 살기 원하오니

보내심을 받고 임무를 완수하신 예수님처럼 사명을 감당하는 제자로 살게 하옵소서.

부활 후 제자들을 낮은 곳으로, 섬김의 자리로 보내신 주님.

○○(이)도 가정과 학교, 교회와 일터, 보내신 곳에서

주님의 복음을 전하는 발이 되게 하옵소서.

사명을 받은 곳에서 자신을 내세우지 않고 섬기는 자가 되게 하시고,

믿음의 본을 보이며 덕을 세우도록 성령님 인도하옵소서.

○○(이)가 주님께 받은 재능으로 어떻게 섬김의 삶을 살아야 할까 고민하길 원합니다.

주님께서 보내신 길을 함께 걸어갈 마음이 통하는 배우자를 만나게 하시고,

아버지의 인도하심을 믿음으로 아멘하며 순종하는 ○○(이)가 되게 하옵소서.

넘어지고 실수하면서 성장하는 ○○(이)가 되길 원합니다.

보내시고 함께하시는 예수님의 이름으로 기도합니다. 아멘.

예수께서 또 이르시되 너희에게 평강이 있을지어다
아버지께서 나를 보내신 것 같이 나도 너희를 보내노라 [요 20:21]

"인정받고 대접받는 곳이 아닌, 헌신과 섬김의 자리로 보냄받은 성도임을 기억합니다."

간절한 마음으로 말씀을
배우는 가정되게 하소서

말씀으로 세상을 창조하신 하나님 아버지.
기록된 말씀인 성경을 통해 아버지의 창조에서
구원에 이르는 사랑을 배우게 하시니 감사합니다.
간절히 찾는 자에게 말씀으로 응답하시는 하나님을 찬양합니다.

간절한 마음으로 말씀을 받고 날마다 성경을 상고하는 베뢰아 사람처럼
○○(이)가 아침에 일어나 말씀을 묵상하길 원합니다.
말씀을 들으며 성경을 읽고 상고할 때 ○○(이)의 믿음이 자라게 하옵소서.
○○(이)에게 말씀을 먹이기보다 세상 학문으로 채우기에 급급했던 것을 회개합니다.
일주일 동안 세상 속에서 세상의 영향을 받으며 살아가는 ○○(이)를 보호하여 주옵소서.
○○(이)의 믿음이 자라길 기도하며 ○○(이)에게 말씀을 들려주는 부모가 되길 원하오니
매일 말씀을 읽고 묵상하는 부모, 묵상한 말씀을 ○○(이)와 나누는 부모가 되게 하옵소서.

함께 말씀을 들으며 읽고 배워서 주님의 가치관으로 무장하게 하시고,
젊은 날에 창조주 하나님 아버지를 전적으로 신뢰하고 의지하는 ○○(이)가 되게 하시며,
믿음의 주요 온전케 하시는 주님을 바라보는 신앙 가문이 되게 하옵소서.
말씀이신 예수님의 이름으로 기도합니다. 아멘.

베뢰아에 있는 사람들은 데살로니가에 있는 사람들보다 더 너그러워서 간절한 마음으로 말씀을 받고
이것이 그러한가 하여 날마다 성경을 상고하므로 그중에 믿는 사람이 많고 [행 17:11-12]

"자주 듣고 자주 보면 더 알고 싶고 생각하게 됩니다.
자녀에게 말씀을 들려주는 부모가 되기를 소망합니다."

자녀에게 가르치는 대로 살아내는
부모가 되게 하소서

먼저 본을 보이시고 따르라고 하시는 하나님 아버지.
십자가에 달려 죽으신 예수님의 사랑을 보여 주시고,
하나님을 떠나 방황하는 자녀를 오래 참음으로 기다려 주심에 감사합니다.
주님의 사랑과 오래 참으심을 생각하며 자녀를 대하기를 원합니다.

사랑해라, 섬겨라, 기도해라, 미워하지 마라, 참아라, 감사해라.
말로만 가르치기를 멈추고 삶으로 보여 주는 부모가 되기를 원하오니
○○(이)에게 화를 내고 불평을 쏟아 내는 모습을 보이지 않게 도와주시고,
소중한 ○○(이)를 넘치도록 사랑하는 오늘이 되게 하옵소서.
감사를 말로 표현하는 하루를 보내며 ○○(이)와 함께 기도하려고 합니다.
○○(이)를 가르치고 양육하는 책임이 무겁게 느껴질 때도 있지만,
예수님이 보이신 사랑을 힘입어 참고 인내하게 하옵소서.

주님께 무한한 사랑을 받았으니 아낌없이 ○○(이)에게 사랑을 주는 부모가 되게 하옵소서.
부모가 앞서서 꿈을 향해 도전하고 시련을 극복하며 ○○(이)를 이끎으로
넘기 어려운 벽 앞에 선 ○○(이)를 지지하고 격려하며 기도로 돕게 하옵소서.
○○(이)를 바른길로 인도할 수 있는 지도력과 결단력을 주시고,
입은 무겁게, 마음은 넓게, 몸은 부지런하게 ○○(이)를 섬기도록 도와주옵소서.
말씀대로 순종하신 예수님의 이름으로 기도합니다. 아멘.

그러면 다른 사람을 가르치는 네가 네 자신은 가르치지 아니하느냐
도둑질하지 말라 선포하는 네가 도둑질하느냐 [롬 2:21]

"온몸으로 가르치고 입으로 격려하는 부모,
자신을 먼저 돌아보고 변화하는 부모가 되고 싶습니다."

그리스도와 함께 죽고
그리스도와 함께 살게 하소서

죄를 사하여 주시는 용서의 하나님 아버지.
아담의 죄로 인류가 원죄를 가지고 태어나지만,
믿는 자에게 속죄의 은혜를 주시니 감사합니다.
예수님을 믿고 죄에서 자유를 얻은 새사람이 되어 아버지를 찬양합니다.
불쌍한 영혼의 찬양과 경배를 받아 주옵소서.

옛사람은 예수님과 함께 십자가에 못 박혔사오니
죄의 길을 벗어나 의로운 길로 다니게 하시고,
죄가 ○○(이)를 지배하지 못하도록 결박해 주사 성령의 인도하심을 따르게 하옵소서.
영적 호흡인 기도를 쉬지 않으며, 바쁠수록 기도하는 ○○(이)가 되게 하시고,
죄에 대하여 단번에 죽으신 예수님을 의지하여 죄의 유혹을 이기게 하옵소서.
빛이 있을 때 어둠이 물러가듯 예수님과 함께한 삶에 아름다운 열매가 맺어지길 원하오니
○○(이)가 무언가 잘못을 했을 때는 합리화하지 않고 용서를 구하게 하시고,
거짓말로 속이며 나쁜 행동을 계속하지 않도록 마음에 찔림을 주옵소서.

그리스도로 옷 입은 ○○(이)가 미움과 다툼과 욕망의 길로 나아가지 않도록 지켜 주옵소서.
몸의 수고와 헌신을 통해 결실을 보는 ○○(이)의 삶이 되게 하옵소서.
밝은 웃음, 따뜻한 마음, 정성을 다하는 몸으로 주변을 밝히는 ○○(이)가 되게 하옵소서.
새로운 삶으로 인도하시는 예수님의 이름으로 기도합니다. 아멘.

이와 같이 너희도 너희 자신을 죄에 대하여는 죽은 자요
그리스도 예수 안에서 하나님께 대하여는 살아 있는 자로 여길지어다
그러므로 너희는 죄가 너희 몸을 지배하지 못하게 하여 몸의 사욕에 순종하지 말고 [롬 6:11-12]

"거룩함에 이르는 열매 맺는 삶을 살기 원합니다."

더 높아지려고 경쟁하는 세상의 가치를
좇지 않게 하소서

낮은 자를 긍휼히 여기시는 사랑의 하나님 아버지.
높은 보좌를 버리고 낮은 이 땅에 사람의 몸을 입고 오신 예수님, 감사합니다.
주님께서 친히 낮아지심으로 본을 보이셨으니,
높은 곳을 향하지 않고 낮은 곳을 향하는 저와 ○○(이)가 되게 하옵소서.

마음과 힘과 뜻을 다하여 주를 섬기고 친구에게도 사랑과 배려를 아끼지 않으며,
억지로 지는 십자가가 아니라 기쁨으로 사랑의 수고를 감당하고,
연약한 친구, 슬픔에 처한 친구, 마음이 힘든 친구,
병으로 고생하는 친구를 위해 기도하고 위로하는 ○○(이)가 되게 하옵소서.

요셉이 옥에서도 충성한 것처럼 ○○(이)도 어느 자리에 있든지 최선을 다하길 원합니다.
자기를 낮추고 다른 사람을 존중하는 것이 진정한 자신감이고 용기임을 알게 하셔서
자기 실수를 인정하고 부족함을 받아들이며 겸손하게 주님을 의지하게 하옵소서.

주님, 감당하기 어려운 폭력이나 충격적인 일로부터 ○○(이)를 보호하여 주옵소서.
○○(이)가 당장의 만족을 추구하지 않고 더 나은 선택을 고민하면서 행동하게 하시고,
다윗과 요나단의 관계처럼 우정을 나누는 믿음의 친구를 만나게 하옵소서.
낮은 자의 친구가 되어 주신 예수님의 이름으로 기도합니다. 아멘.

서로 마음을 같이하며 높은 데 마음을 두지 말고 도리어 낮은 데 처하며 스스로 지혜 있는 체하지 말라 [롬 12:16]

"낮은 자리에서 섬기고 있는지, 없는 지혜를 있는 척 자랑하며 높아지려고
애쓰고 있지는 않은지 돌아보는 오늘입니다.

연약한 자를 기쁘게 하는
삶을 살게 하소서

삼위일체의 하나님 아버지.
아버지의 사랑으로 믿는 자들을 하나가 되게 하시니 감사합니다.
화목 제물로 오신 예수님을 따라 화평한 공동체를 세우는 일꾼이 되게 하옵소서.
주 예수 그리스도의 아버지께 영광을 돌려 드리는 ○○(이)가 되길 원하오니
선한 일을 위하여 열심히 배우는 ○○(이)가 되게 하옵소서.

○○(이)에게, 덕을 세우는 일이라면 자신의 이익을 포기할 수 있는 용기를 주옵소서.
남의 약점을 악하게 이용하지 않고 허물을 감싸 주는 친구가 되게 하옵소서.
구별하고 나누고 분쟁을 일으키는 사단의 이간질에 넘어가지 않고
공동체가 하나 되는 일에 마음과 정성을 쏟는 ○○(이)가 되게 하옵소서.

주님, 우리 ○○(이)가 땀 흘리는 자리에서 솔선수범을 하며,
노동의 즐거움을 경험하길 원합니다.
자신의 기쁨을 최우선으로 여기는 세상 방식을 따르지 않게 하시고,
예수님이 자신을 내어 주심으로 우리에게 기쁨을 주신 것처럼
친구와 부모를 기쁘게 하는 ○○(이)의 삶이 되게 하옵소서.
사람을 수단으로 여기는 세상에서 친구를 경쟁 상대가 아닌 동지로 여기게 하시고,
폭넓은 지식과 뿌리 깊은 영성으로 거룩한 공동체를 세워 가는 ○○(이)가 되게 하옵소서.
옳은 방향으로 인도하시는 예수님의 이름으로 기도합니다. 아멘.

믿음이 강한 우리는 마땅히 믿음이 약한 자의 약점을 담당하고 자기를 기쁘게 하지 아니할 것이라
우리 각 사람이 이웃을 기쁘게 하되 선을 이루고 덕을 세우도록 할지니라 [롬 15:1-2]

"연약한 자와 강한 자가 주님 안에서 하나 되어 서로를 돕는 공동체가 되길 원합니다."

성령의 전(殿)인 몸으로 죄를
짓지 않도록 깨어 있게 하소서

죄악에서 건지시고 생명을 주신 하나님 아버지.
거룩하신 아버지를 따라 거룩한 선택을 함으로 주님께 영광 돌리기 원합니다.
어둠 가운데 빛으로 임하신 예수님.
제가 거하는 곳에 주님의 빛을 비춰 주옵소서.

○○(이)가 예수님의 피로 값 주고 사신, 성령의 전인 몸을 잘 돌보게 하옵소서.
깨어 있지 않으면 쉽게 몸으로 하나님의 영광을 가릴 수 있음을 기억하게 하시고,
폭력적이고 자극적이며 유익하지 않은 영상물을 거부할 수 있는 용기를 주옵소서.
욕설이 담긴 웹툰과 비방이 가득한 SNS를 분별하고 멀리하게 하시고,
입에 만족을 주는 식품보다 몸을 이롭게 하는 음식을 선택하는 ○○(이)가 되게 하시며,
미디어에 너무 많은 시간을 사용하지 않도록 절제의 힘을 주옵소서.

○○(이)의 발은 생명을 살리는 곳으로 향하게 하시고,
○○(이)의 귀는 우울감에 빠져서 아파하며 지쳐 있는 친구의 이야기를 들어주며
성경을 읽고 말씀을 배우는 데 눈과 귀를 부지런히 사용하게 하옵소서.
입으로는 예수님의 사랑을 말하고, 손으로는 부지런히 섬기며,
○○(이)의 작은 몸짓 하나하나가 하나님의 영광을 위한 움직임이 되게 하옵소서.
○○(이)가 하나님의 성품을 닮은 성숙한 사람으로 자라기를 원합니다.
거룩하신 예수님의 이름으로 기도합니다. 아멘.

너희 몸은 너희가 하나님께로부터 받은 바 너희 가운데 계신 성령의 전인 줄을 알지 못하느냐
너희는 너희 자신의 것이 아니라 값으로 산 것이 되었으니 그런즉 너희 몸으로 하나님께 영광을 돌리라 [고전 6:19-20]

"무엇을 보고, 듣고, 말하고, 먹고, 하고 있는지,
수시로 점검하고 생각하면서 유혹을 이기는 삶을 살아야겠습니다."

사랑의 사람이 되게 하소서

사랑 자체이신 하나님 아버지.
성경의 처음부터 끝까지 아버지의 사랑을 보여 주시니 감사합니다.
내가 너희를 사랑한 것같이 너희도 서로 사랑하라고 말씀하신 주님.
사랑이 없이는 주님을 기쁘시게 할 수 없음을 압니다.
가난한 자를 돕고, 연약한 자에게 나눈다 해도 자랑과 교만한 마음으로 했다면
그것은 사랑이 아님을 고백합니다.

그러니 주님, 진실과 정직으로 친구들을 대하고
화목한 관계를 위해 힘쓰는 ○○(이)가 되게 하옵소서.
아버지의 사랑을 입은 자로서 더 사랑하고 더 용서하며,
오래 참을 수 있는 온유한 심령이 되게 하옵소서.
친구를 시기하지 않고, 성취를 자랑하지 않으며, 교만하지 않고,
예의를 지키며, 모두의 유익을 생각하는 ○○(이)가 되게 하옵소서.
화가 나는 순간에 마음을 지키게 하시고, 악한 것을 멀리하게 하옵소서.

○○(이)가 세상의 상식이 아닌 주님의 방식으로 사랑을 표현하게 도와주시고,
완벽을 추구하느라 시작도 못 하는 것이 아니라 작은 것부터 사랑을 실천하며,
자신의 필요와 만족과 행복에 마음을 두기보다
주님의 뜻인 사랑을 전하는 데 마음을 두는 ○○(이)가 되게 하옵소서.
사랑이 충만하신 예수님의 이름으로 기도합니다. 아멘.

내가 내게 있는 모든 것으로 구제하고 또 내 몸을 불사르게 내줄지라도
사랑이 없으면 내게 아무 유익이 없느니라 [고전 13:3]

"하나님을 사랑하고 이웃을 사랑하라는 계명을
소소한 일상에서 균형 있게 감당하길 원합니다."

장성한 어른이 되어 자녀를
옳은 길로 인도하게 하소서

자녀의 성장과 성숙을 바라시는 하나님 아버지.
진리의 말씀을 깨닫게 하시고 자라게 하시니 감사합니다.
장성한 사람이 되어 아버지의 영광을 나타내는 삶을 살아가게 하옵소서.
어린아이 같은 ○○(이)의 모습을 인정하고 성숙의 때를 기다리는 부모가 되길 원합니다.
요령을 피우고 핑계를 대는 ○○(이)에게 바른 행동과 언어로 훈육하도록 지혜를 주시고,
순간적인 쾌락을 즐기며 시간을 낭비하는 ○○(이)에게 삶으로 본을 보이게 하옵소서.

주님, 아이를 아이로 인정하지 않고 어른처럼 행동하지 못했던 것을 회개합니다.
깨닫고 알았으니 오늘은 온유하고 겸손하며 성숙한 행동을 하게 하옵소서.
○○(이)가 성장하면서 건강한 사춘기를 보내고 좋은 인격과 태도를 갖기를 원합니다.
각자의 속도로 자라나는 자녀를 보며 적절한 말로 응원하게 하옵소서.
○○(이)를 성숙한 길로 이끌고 옳은 선택을 할 수 있도록 안내하는 부모가 되기를 원합니다.
어른인 제가 먼저 참고 기다리며, 웃고 감사할 수 있도록 너그러운 마음을 주셔서
약속한 것을 잘 지키는 신뢰할 만한 어른이 되게 하옵소서.

○○(이)의 마음을 살피고 위로하는 포근한 안식처로 가정이 세워지기를 원합니다.
어렵고 힘들고 불편한 일에 짜증 내지 않고, 기쁨과 감사함으로 감당하게 하옵소서.
성숙한 길로 이끄시는 예수님의 이름으로 기도합니다. 아멘.

내가 어렸을 때에는 말하는 것이 어린아이와 같고 깨닫는 것이 어린아이와 같고 생각하는 것이
어린아이와 같다가 장성한 사람이 되어서는 어린아이의 일을 버렸노라 [고전 13:11]

"여전히 어린아이와 같은 생각과 말과 행동을 하는 어른은 아닌지,
'어른다움'이란 무엇인지 생각해 보아야겠습니다."

가난하고 약한 것이
부끄러움이 되지 않게 하소서

약한 자를 일으키시는 하나님 아버지.
오병이어를 드린 어린아이의 순종으로 오천 명을 먹이신 주님을 찬양합니다.
저의 능력보다 믿음의 순종을 더욱 기뻐하시는 주님께 겸손하게 나아갑니다.
약함의 은혜를 경험하는 오늘이 되게 하옵소서.

자만하지 않게 하시려고 육체의 가시를 주셨다며 약한 것을 자랑하는 바울처럼
저의 약함이 주님의 강함을 드러내는 도구가 되게 하옵소서.
약할 때 하나님의 강한 능력이 함께함으로 온전하게 됨을 믿사오니,
○○(이)의 미숙한 점이 성령님의 도우심으로 날마다 성숙되게 하옵소서.

부족하고 연약함으로 인해 더욱 주님을 의지하고 기도하게 하시니 감사합니다.
세상에서 인정받기 위해 애쓰고 발버둥 치는 ○○(이)가 되지 않게 하시고,
약하고 부족한 모습 그대로 주님의 부르심에 순종하며,
○○(이)에게 주신 은사와 은혜로 주님의 일을 기꺼이 감당하게 하옵소서.

○○(이)가 정직하지 않은 방법으로 쌓은 재물이 오히려 부끄러운 것임을 알게 하옵소서.
연약함 가운데 함께하시고 능력이 되시는 하나님을 자랑하는 ○○(이)가 되게 하옵소서.
세상의 미련하고, 약하고, 멸시받으며, 없는 자들을 사랑으로 품어 주심에 감사합니다.
강하고 담대하게 하시는 예수님의 이름으로 기도합니다. 아멘.

그러므로 내가 그리스도를 위하여 약한 것들과 능욕과 궁핍과 박해와 곤고를 기뻐하노니
이는 내가 약한 그때에 강함이라 [고후 12:10]

"부족한 것으로 인해 불평하거나 원망하지 않고, 연약함을 사용하실 주님을 기대합니다."

그리스도 안에서 하나 되게 하소서

세상 모든 민족을 자녀 삼아 주신 하나님 아버지.
이스라엘을 제사장 나라 삼으시고 예수님께서 유대인으로 이 땅에 오셨지만,
유대인뿐만 아니라 인류 모두에게 구원의 은혜를 주신 하나님을 찬양합니다.

율법은 유대인, 헬라인, 종, 자유인, 남녀를 구별하지만,
율법을 완성하신 예수님의 은혜로 그리스도 안에서 모든 사람이 하나임을 압니다.
○○(이)가 인종과 사회적 지위와 신분으로 친구들을 구분하거나 차별하지 않게 하시고,
경제력과 교육 수준, 성별, 국적, 나이와 상관없이 마음을 열고 친구를 맺어
넓은 시야로 세상을 품은 그리스도인이 되게 하옵소서.
남자와 여자, 노동자와 기업가, 노인과 젊은이, 장애인과 비장애인, 부자와 가난한 자,
내국인과 타국인 등 다양한 기준으로 편을 가르고 혐오하는 세상에서
연합하고 함께하려는 모임에 동참하여
소외된 자들에게 더 많은 관심을 가지고 배려하는 ○○(이)가 되게 하옵소서.

학교와 학원, 교회에서 만나는 친구에게 선입견과 편견을 가지고 대하지 않게 하옵소서.
미워하는 친구나 따돌렸던 친구가 있다면 화해의 손을 내밀게 하옵소서.
무리 지어 친구를 괴롭히는 일에 동참하지 않고, 친구들과 친밀한 교제를 나누며,
하나님의 거룩한 형상을 입은 모든 사람을 존중하는 ○○(이)가 되게 하옵소서.
○○(이)가 주님 안에서 한 형제자매인 지체들과 교제하며 행복한 추억을 쌓기 원합니다.
사랑으로 한 몸 되게 하신 예수님의 이름으로 기도합니다. 아멘.

너희는 유대인이나 헬라인이나 종이나 자유인이나
남자나 여자나 다 그리스도 예수 안에서 하나이니라 [갈 3:28]

"마음속에서 거리를 두고 차별하며 배척한 존재는 없는지 돌아봅니다."

자녀의 마음속에
믿음, 소망, 사랑의 씨앗을 심게 하소서

보이지 않는 은밀한 일까지 모두 아시는 하나님 아버지.
하나님 앞에서 아무것도 숨길 수 없음을 고백합니다.
사람이 무엇으로 심든지 그대로 거두리라는 말씀을 마음에 새깁니다.

말씀을 암송하고 기도하며 찬양함으로 주님을 경배하는 ○○(이)가 되길 원합니다.
○○(이)에게 하나님이 기뻐하시는 좋은 씨앗을 심고,
부드럽고 즐겁게 소통하는 부모가 되게 하옵소서.
편안한 잠자리, 맛있는 음식, 필요를 채워 주는 역할을 기쁨으로 감당하게 하시고,
○○(이)가 일평생 주님께 붙어 있는 가지로 건강한 열매를 맺게 하옵소서.

확실한 믿음을 가지고 ○○(이)를 담대하게 복음으로 양육하게 하셔서
예수 그리스도의 사랑을 삶으로 부지런히 전할 수 있도록 도와주옵소서.
수치심을 느끼거나 무가치하게 여겨지는 말을 ○○(이)에게 하지 않게 하시고,
하나님께서 맡겨 주신 ○○(이)를 소유물인 양 대하지 않게 하옵소서.

남을 높이는 겸손의 씨앗, 맡은 일에 최선을 다하는 충성의 씨앗,
어려움을 참고 이겨 내는 인내의 씨앗을 ○○(이)에게 심기 원합니다.
환경을 보호하고, 자연과 동물을 사랑하며,
하나님께서 창조하신 세상을 아름답게 가꾸는 일에 동참하게 하옵소서.
제 마음 깊은 곳까지 헤아리시는 예수님의 이름으로 기도합니다. 아멘.

스스로 속이지 말라 하나님은 업신여김을 받지 아니하시나니 사람이 무엇으로 심든지 그대로 거두리라 [갈 6:7]

"부족한 자녀의 모습을 보며 부모 자신을 돌아보고,
자녀에게 잘못 심은 씨앗이 없는지 점검하는 것이 지혜로운 부모의 모습입니다."

세월을 아끼며 범사에 감사하게 하소서

지혜로우신 하나님 아버지.
우매한 자들에게 하나님을 알려 주시고 친히 찾아와 주심에 감사합니다.
눈을 열어 주셔서 아버지를 보게 하시고
지혜를 주셔서 아버지의 뜻을 알게 하옵소서.

다시 오실 주님을 기다리며 지금 이곳에서 지혜 있는 자같이 살기 원합니다.
○○(이)가 삶의 목적과 의미를 몰라 방황하지 않게 하시고,
지식과 지혜와 영성을 겸비하여 영향력 있는 리더로 자라게 하옵소서.
○○(이)가 선생님과 부모의 가르침을 잘 듣고 배우며 따르게 하시고,
주어진 시간을 잘 관리하여 맡기신 달란트를 활용하는 지혜로운 사람 되게 하옵소서.

때가 악한 이 시대의 흐름에 따라 세상의 요구에 발맞추어 걸어가지 않길 원하오니
선하고 의로운 일에 도전하는 ○○(이)가 되게 하시고,
스승과 선후배, 가족관계에서 격려하고 위로하며 화합하는 ○○(이)가 되게 하옵소서.
○○(이)의 입에서 욕설과 꼬투리를 잡는 말, 의심하는 말, 추측하는 말을 멀리하며,
친구를 존중하고, 이해하는 바른 대화를 이끄는 지혜를 가지며,
옳고 그름을 잘 분별하되, 사랑이 결정의 기준이 되게 하옵소서.

성령의 지혜로 충만한 ○○(이)가 되어
맡겨진 삶을 주의 영광을 위해 살아가게 인도하옵소서.
마음을 살피시는 예수님의 이름으로 기도합니다. 아멘.

그런즉 너희가 어떻게 행할지를 자세히 주의하여 지혜 없는 자같이 하지 말고
오직 지혜 있는 자같이 하여 세월을 아끼라 때가 악하니라 [엡 5:15-16]

"악한 시대를 살아가는 이들에게 주님의 지혜가 더욱 필요합니다.
주님의 지혜를 구하며 살아가는 인생이 되게 하옵소서."

말씀으로 무장하여 승리하게 하소서

믿는 자들을 영적 군사로 부르신 하나님 아버지.
사랑하는 ○○(이)를 맡겨 주셔서 영적 군사로 양육하게 하시니 감사합니다.
주님이 대장 되셔서 ○○(이)의 갈 길을 인도하고 계시오니
하나님 나라를 위해 자기 자리를 지키며 용감한 군사로 서게 하시고,
진리의 말씀을 붙잡고 거짓 없이 살아가게 하옵소서.

○○(이)가 믿는 자는 의롭다고 하신 주님을 신뢰하며 스스로 정죄하지 않고,
믿지 않는 친구들의 방해와 유혹에 믿음으로 맞설 수 있는 담대함을 주옵소서.
학교에서 배우는 지식이 성경적 세계관과 충돌할 때는
기꺼이 하나님 말씀의 가치를 따르게 하셔서,
말씀대로 순종하고 결단하며 실천하는 ○○(이)의 삶이 되게 하옵소서.

가정을 믿음 안에서 세우고 지켜야 하는 책임을 부모에게 맡기신 주님.
예배의 자리를 지키고 기도하며 찬양하는 ○○(이)가 되기를 원합니다.
○○(이)가 부모의 마음을 헤아리고 순종하는 자녀가 되어 복을 받게 하시고,
학교에서 만나는 선생님과 친구들에게 그리스도의 향기를 나타내게 하옵소서.
지혜와 총명을 주시고 공부할 때 집중력을 주셔서,
세상의 성공이 아닌 하나님의 영광을 위한 열매를 맺으며 살아가도록 도와주옵소서.
우리의 대장 되신 예수님의 이름으로 기도합니다. 아멘.

그러므로 하나님의 전신 갑주를 취하라
이는 악한 날에 너희가 능히 대적하고 모든 일을 행한 후에 서기 위함이라 [엡 6:13]

"거센 세상의 유혹을 혼자만의 힘과 의지로 대항할 수 없기에
하나님의 전신 갑주를 입고 오늘을 시작합니다."

선한 것을 분별하며
의의 열매를 맺게 하소서

쉬지 말고 기도하라고 말씀하신 하나님 아버지.
자녀를 위해 기도하는 부모를 보시며 흐뭇해하실 하나님을 생각합니다.
○○(이)를 위한 저의 기도가 하나님의 마음에 합당한 기도가 되도록 저를 깨우쳐 주옵소서.

하나님을 알지 못하고 잘되는 것이 ○○(이)에게 독이 될 수 있음을 아오니
우리 ○○(이)가 선한 것을 분별하고 진실한 사람으로 살아가길 하옵소서.
예수 그리스도로 말미암아 의의 열매가 가득한 ○○(이)가 되게 하시고,
열린 사고와 자신감을 가지고서 선한 일에 도전하는 ○○(이)가 되게 하시며,
하나님이 좋아하시는 일과 사랑을 나누는 일에 헌신하고,
맡겨진 일에 책임을 다하며, 노력의 결실을 맛보는 ○○(이)가 되게 하옵소서.

○○(이)의 모든 신체 부분이 제 기능을 감당하여 튼튼한 육체로 주님을 섬기길 원합니다.
자연이 주는 좋은 음식을 골고루 먹고 건강하게 자라게 하시고,
여가 시간을 유익하게 보낼 수 있도록 좋은 취미를 갖게 하시며,
미적인 감각과 후각, 청각, 촉각, 미각, 시각 등 ○○(이)의 감각이 고르게 발달하여
하나님이 창조하신 세계에서 창조의 삶을 살게 하옵소서.
저의 기도를 들으시고 ○○(이)의 삶을 인도해 주실 주님께 감사드리며,
부모의 기도를 들으시고 응답하실 예수님의 이름으로 기도합니다. 아멘.

내가 기도하노라 너희 사랑을 지식과 모든 총명으로 점점 더 풍성하게 하사 너희로 지극히 선한 것을 분별하며
또 진실하여 허물없이 그리스도의 날까지 이르고 예수 그리스도로 말미암아 의의 열매가 가득하여
하나님의 영광과 찬송이 되기를 원하노라 [빌 1:9-11]

"자녀를 위해 어떤 기도를 하고 있는지 점검해야겠습니다."

그리스도 안에서 완전한
자녀와 부모가 되게 하소서

지혜의 근본이신 하나님 아버지.
예수 그리스도를 믿는 믿음을 주시고 전파할 마음을 주심에 감사합니다.
오늘도 주님을 경외하며 주님의 길을 따르는 자에게 주시는 평안을 누립니다.
예수 그리스도를 닮은 저와 ○○(이)가 되게 하옵소서.

○○(이)가 주님의 사랑을 누리며 전파하고 주님 안에서 자라 가기를 원합니다.
○○(이)가 공부하고 휴식을 취하는 모든 시간에 함께하여 주시고,
믿음 안에서 친구를 잘 사귀어 오랫동안 좋은 관계를 유지할 수 있도록 도와주옵소서.
밤에 충분하고 깊은 수면을 취하고, 깨어 있을 때 맑은 정신으로 공부할 수 있게 하옵소서.

저 또한, 자랑할 만한 것을 목표로 삼고 가르치며 투자하는 부모가 아닌
매일 자녀와 함께하는 과정에서 사랑하고 감사하며 행복한 시간을 보내게 하셔서,
○○(이)와 함께 주님 안에 머물고 주님과 함께 온전함을 향해 살아가도록 도와주옵소서.
○○(이)가 좋은 스펙과 경험, 인품을 지녔다 해도 그것이 ○○(이)를 지켜 줄 수 없음을 압니다.
○○(이)와 함께하는 시간에 말씀을 같이 읽으면서 궁금한 것들을 나누고,
하나님을 아는 지식을 자녀에게 전할 수 있도록 성령님께서 함께해 주셔서,
예수 그리스도를 따르는 옳은 길에서 벗어나지 않도록 저와 ○○(이)를 붙들어 주옵소서.
완전하신 예수님의 이름으로 기도합니다. 아멘.

우리가 그를 전파하여 각 사람을 권하고 모든 지혜로 각 사람을 가르침은
그리스도 안에서 완전한 자로 세우려 함이니 [골 1:28]

"자녀에게 복음을 전하고 옳은 것을 권하며 가르치는 것은
자녀를 주님 안에서 온전한 자로 세우기 위함입니다."

상황에 적절한 말을 하게 하소서

말씀으로 세상을 창조하신 하나님 아버지.
사람에게 언어를 주시고 소통하게 하시니 감사합니다.
함께 모여 서로의 이야기를 들어 주고 말하는 시간을 통해 위로를 얻습니다.

○○(이)가 말 한마디의 중요성을 알고 좋은 언어 습관을 가지길 원합니다.
은혜 가운데서 소금으로 맛을 냄과 같은 말을 하는 입술이 되게 하시고,
말과 행동으로 주님의 복음을 전할 수 있도록 좋은 습관을 갖게 도와주시며,
사람을 살리고 힘을 주는 말을 하는 ○○(이)가 되게 하옵소서.
마음에 사랑과 기쁨과 감사가 가득하여 입으로 흘러나오며,
선하고 지혜로운 언어 능력을 갖추기 위해 부지런히 훈련하는 ○○(이)가 되게 하옵소서.

온라인 소통이 많은 시대입니다.
○○(이)가 힘든 영혼에게 위로와 용기를 주는 글을 쓰기 원합니다.
신중하게 단어를 선택하고, 무책임한 말을 남용하지 않으며,
이치에 맞지 않는 말이나 기분을 상하게 하는 불편한 말을 멀리하여
글로 전하는 메시지에도 사랑을 담게 하옵소서.

바른 가치관을 품고 바른 언어생활을 하는 주님의 자녀가 되게 하옵소서.
따뜻한 온기와 다정한 마음이 담긴 대답으로 차갑고 어두운 세상을 변화시키게 하옵소서.
빛 되신 예수님의 이름으로 기도합니다. 아멘.

너희 말을 항상 은혜 가운데서 소금으로 맛을 냄과 같이 하라
그리하면 각 사람에게 마땅히 대답할 것을 알리라 [골 4:6]

"상황에 맞는 적절한 말, 상대에게 꼭 필요한 말, 정직한 말을 하는 입술이 되길 원합니다."

적당히 타협하며 살지 않게 하소서

흠이 없으신 하나님 아버지.
아버지를 따라 구별된 삶을 살길 소망합니다.
제게는 옳은 것을 행할 힘이 부족합니다.
그러나 아버지와 동행할 때 능력 주실 줄 믿습니다.
하나님께서 인도하시면 제가 거룩한 길로 나아갈 수 있습니다.

거룩하고 흠 없이 옳게 행하려고 했던 바울처럼
수고하고 애쓰며 ○○(이)에게 인정받는 부모가 되길 원합니다.
○○(이)가 어려울 때 기도 제목을 나눌 수 있는 듬직한 부모가 되게 하옵소서.
적당히 거룩한 모습에 만족하지 않으며, 불의에 저항하는 ○○(이)가 되게 하옵소서.

이익을 위해 세상과 타협하지 않으며, 계산하지 않고 친구를 돕는 사람이 되고,
친구를 따돌리지 않으며, 외로운 친구에게 다가가 말을 거는 따스함을 갖게 하옵소서.
친구들의 어려움을 보았을 때는 선한 사마리아인과 같이 기꺼이 돕는 마음을 주옵소서.

부모의 모습을 바라보는 자녀를 생각하면서 저 역시 옳게 행동하기를 원합니다.
옳은 일과 행동으로 자녀에게 믿음의 본을 보여 주는 신실한 부모가 되게 하옵소서.
세상의 불의와 타협하지 않으신 거룩하신 예수님의 이름으로 기도합니다. 아멘.

우리가 너희 믿는 자들을 향하여 어떻게 거룩하고 옳고 흠 없이 행하였는지에 대하여
너희가 증인이요 하나님도 그러하시도다 [살전 2:10]

"믿음의 부모는 자녀가 부모의 증인이 될 수 있도록 옳은 것을 행하며
믿음의 본이 되는 삶을 살고자 애써야 합니다.

영적, 육적 음란을 버리게 하소서

거룩하신 하나님 아버지. 주님의 이름을 높이며 찬양합니다.
날마다 말씀을 통해 하나님의 뜻을 가르쳐 주셔서 감사합니다.
예수 그리스도의 보혈이 저를 거룩한 삶으로 초청해 주셨사오니
부르신 하나님의 뜻에 합당한 거룩한 삶을 살수 있도록 도와주옵소서.

성적으로 문란했던 사회에서 살아가는 데살로니가 성도들에게
바울을 통해 하나님의 뜻을 알려 주신 것처럼,
세상의 유혹에 빠지지 않도록 ○○(이)의 마음을 붙들어 주옵소서.
음란한 세대 가운데 자녀의 몸과 영혼을 지키시고 보호하여 주옵소서.

TV, 스마트폰을 지혜롭게 절제하면서 사용하고,
갈수록 성의 상업화, 성 산업이 발전하는 시대에
성적 유혹을 이길 수 있는 분별력을 가지고서
성령님이 거하시는 성전인 몸을 정결하게 관리하여
결혼 안에서만 허락하신 아름다운 성을 누리는 ○○(이)가 되게 하옵소서.

바른 성교육이 가정에서부터 이루어지기를 원합니다.
○○(이)가 하나님의 형상을 따라 지음받은 사람을 보호하고 존중하게 하시고,
마음과 몸의 거룩함과 순결을 지키면서 살아가는 우리 가정이 되게 하옵소서.
우리의 신랑 되신 예수님의 이름으로 기도합니다. 아멘.

하나님의 뜻은 이것이니 너희의 거룩함이라 곧 음란을 버리고 [살전 4:3]

"어릴 때부터 성에 대해 바르게 배우고, 하나님께서 허락하신 범위 안에서
아름다운 성을 누리고 다른 사람을 존중하는 자녀가 되도록 가르쳐야겠습니다."

자녀 앞에서 예의를 지키게 하소서

귀한 생명을 맡기시고 부모로 세워 주신 하나님 아버지.
아버지의 사랑을 흠뻑 받고 누렸으니 그 사랑을 베푸는 즐거움도 경험하길 원합니다.
용서받은 자가 이제는 용서하는 자로서 새로워지는 은혜를 덧입게 하옵소서.

우리 ○○(이)가 어떠하기를 바라기보다 제가 먼저 주님 앞에 어떠한 자녀인가를 돌아봅니다.
게으르다고 지적하며 훈계하는 부모이기 전에 저의 게으름을 먼저 회개합니다.
사실, ○○(이)의 모습 속에서 제 모습을 볼 때가 많습니다.
지적하고 싶은 마음보다 긍휼의 마음이 더 큰 부모가 되게 하옵소서.

마음이 연약한 자녀에게 의욕과 용기가 솟아나도록 격려하는 부모이기를 원합니다.
육신이 약한 자녀를 돕고 오래 참을 수 있는 마음을 주옵소서.
느린 자녀를 기다려 주고, 빠른 자녀에게는 신속하게 대응할 수 있는 민첩함을 주시고,
겁이 많은 자녀와 겁이 없는 자녀를 존재 그 자체로 인정하는 부모가 되게 하옵소서.
각자 다른 특성을 가진 자녀를 잘 파악하여 적합한 방법으로 대하며,
타인에게 예를 갖추어 대하듯 ○○(이)에게도 무례하지 않게 하옵소서.

○○(이)를 가장 사랑하면서 가장 힘들게 하는 사람이 제가 되지 않기를 원합니다.
제 곁에서 ○○(이)가 쉼을 누릴 수 있는 사랑의 존재가 되게 하옵소서.
약한 자를 외면하지 않으시는 예수님의 이름으로 기도합니다. 아멘.

또 형제들아 너희를 권면하노니 게으른 자들을 권계하며 마음이 약한 자들을 격려하고
힘이 없는 자들을 붙들어 주며 모든 사람에게 오래 참으라 [살전 5:14]

"가르쳐도 변화가 없고, 부모의 말 듣기를 싫어하는 자녀를
오래 참고 기다리는 인내심이 필요합니다."

주위의 시선에 흔들리지 않게 하소서

주님의 뜻이 이 땅에서 이루어지길 원하시는 하나님 아버지.
의롭다 하시고 자녀 삼아 주신 은혜에 감사합니다.
바울이 젊은 사역자 디모데에게 권면하는 말씀을 제 마음에 새깁니다.
보내신 자리에서 주님의 사랑을 나타내는 삶,
사랑과 바른 교리에 바탕을 둔 경건한 삶을 살게 하옵소서.

부모가 전념해야 하는 것은 자녀에게 신앙을 가르치는 것임을 기억합니다.
저에게 진리의 빛을 비춰 주셔서 읽은 말씀을 잘 깨닫게 하시고,
하나님의 뜻을 분별하여 행함으로 자녀에게 본을 보이는 부모가 되게 하옵소서.
깨달은 말씀을 사랑의 행실과 믿음의 말로 보여 주기를 원하오니
길이요 진리요 생명이신 예수님을 ○○(이)에게 전할 때 성령님께서 함께해 주시고,
책임감 가지고서 ○○(이)를 신앙으로 반듯하게 세우는 부모가 되게 하옵소서.

○○(이)에게 말씀을 가르치다가 보이는 열매가 없다고 멈추지 않게 하옵소서.
무슨 일이 있어도 말씀 가르치는 것을 포기하지 않게 하옵소서.
지혜와 능력이 되시는 예수님의 이름으로 기도합니다. 아멘.

누구든지 네 연소함을 업신여기지 못하게 하고 오직 말과 행실과 사랑과 믿음과 정절에 있어서
믿는 자에게 본이 되어 내가 이를 때까지 읽는 것과 권하는 것과 가르치는 것에 전념하라 [딤전 4:12-13]

"무엇에 전념하며 살아가는 부모가 되어야 할지 말씀으로 알려 주십니다.
성경을 읽고 권하고 가르치는 부모가 되길 소망합니다."

받은 은혜에 감사하는
자녀가 되게 하소서

자녀의 모든 필요를 아시는 하나님 아버지.
아버지께서 공급해 주시는 것을 받아 누리며 살게 하시니 감사합니다.
맨몸으로 세상에 와서 지금은 많은 것을 가지고 살아갑니다.
먹을 것과 입을 것, 누울 곳이 있음에 감사드리며
주님께서 시시때때로 채워 주시니, 넘치지도 부족하지도 않은 삶의 안식을 누립니다.

이 세상을 떠나는 날에는 가진 것 다 두고 아버지께로 갈 것을 압니다.
주님, ○○(이)가 자족하는 마음을 늘 가지고 살아갈 수 있게 하옵소서.
명품으로 치장하지 않아도 하나님이 만드신 걸작임을 아는 자녀가 되게 하시고,
더 넓은 집과 크고 편안한 차, 더 높은 목표와 많은 돈을 소유하는 것보다
하나님을 사랑하는 데 마음을 쏟는 자녀가 되게 하옵소서.
화려하지 않은 생활에서도 만족하고 감사하며,
소유를 늘리고 소비를 즐기는 세상에서
적정한 소유와 적당한 소비의 삶을 유지하는 지혜를 주시고,
이 땅에서 쉴 곳 전혀 없으셨던 예수님을 생각하면서
나누기에 힘쓰는 자녀가 되게 하옵소서.

주님께서 주신 물질을 낭비하지 않게 하옵소서.
모으고 아끼느라 인색한 사람이 되지 않게 하옵소서.
나누며 사는 가치를 자녀에게 물려주는 부모가 되길 원합니다.
모든 것을 내어 주신 예수님의 이름으로 기도합니다. 아멘.

우리가 세상에 아무것도 가지고 온 것이 없으매 또한 아무것도 가지고 가지 못하리니
우리가 먹을 것과 입을 것이 있은즉 족한 줄로 알 것이니라 [딤전 6:7-8]

"가진 것에 만족하고 불필요한 소비를 줄이며
다른 이의 필요에 관심을 가지면서 살기 원합니다."

돈을 지혜롭게 사용하고
관리하게 하소서

쉬지 않으시는 하나님 아버지.
성실의 본을 보여 주셔서 감사합니다.
보내신 곳에서 부지런히 성실하게 살아가게 하옵소서.

주님, 먹고 입고 자는 기본적인 생활을 위해서는 적정한 돈이 필요하오니
우리 ○○(이)가 생활에 필요한 돈을 벌 수 있는 능력을 갖추게 하옵소서.
다른 사람을 의지하지 않고 경제적인 독립을 유지할 수 있게 하시고,
어려운 사람을 도울 수 있는 넉넉한 마음을 가지고서 가진 것을 나누며 살게 하옵소서.

남과 비교하며 물질의 소유를 늘리려고 할 때 늘 부족함을 느끼게 됩니다.
○○(이)가 부자들이 천국에 들어가기 쉽지 않다고 하신 말씀을 마음에 늘 새기고
주님이 주신 은사에 따른 직업을 찾아 경제적인 독립을 이룰 수 있게 도와주옵소서.

돈 자체가 악한 것은 아니지만, 돈을 좇아 살다가 미혹을 받고 하나님을 떠날 수 있사오니
○○(이)가 많은 물질을 탐하지 않고, 필요한 것을 채워 주시는 주님께 감사하며,
부당한 이익과 뇌물은 거부하고, 정직하게 벌고 지혜롭게 쓸 줄 알며,
모든 물질이 하나님의 것임을 고백하는 청지기로서 잘 관리하게 하옵소서.
물질의 주인이신 예수님의 이름으로 기도합니다. 아멘.

돈을 사랑함이 일만 악의 뿌리가 되나니 이것을 탐내는 자들은 미혹을 받아
믿음에서 떠나 많은 근심으로써 자기를 찔렀도다 [딤전 6:10]

"돈과 하나님을 겸하여 섬길 수 없다는 말씀을 기억하고 살아가길 원합니다."

하나님께 인정받는
자녀가 되게 하소서

일을 맡기시는 하나님 아버지.
추수할 것은 많은데 일꾼이 없다고 안타까워하시는 말씀을 기억합니다.
"주님, 제가 여기 있으니 저를 써 주소서."라고 고백할 수 있는 제가 되게 하옵소서.
금 그릇만이 좋은 그릇인 줄 알았습니다. 귀하게 쓰이는 그릇이 되기를 원했습니다.
만드신 분의 뜻을 헤아리기보다 제가 쓰임받고 싶은 대로 써 주시길 원했습니다.

그러나 주님. 말씀을 통해 금 그릇, 은그릇, 질그릇, 나무그릇
모두가 소중한 그릇임을 알게 하시니 감사합니다.
무엇을 담는지가 중요함을 알게 해주셔서 감사합니다.
사람의 기준으로 좋은 그릇, 나쁜 그릇, 귀한 그릇, 천한 그릇, 쓸모없는 그릇을 나누며
다른 사람을 판단하고 평가했던 것을 회개하오니
우리 ○○(이)가 복음을 담은 그릇으로 살게 하옵소서.
자기를 잃어버리지 않고, 비교 우월감이나 열등감에 빠지지 않고
토기장이의 뜻대로 살아가는 자녀가 되게 하옵소서.

친절하고 예의 바른 태도로 선생님과 친구들을 대하는 ○○(이)가 되게 하시고,
의로운 그릇, 화평의 그릇, 믿음과 사랑의 그릇으로 쓰임받게 하옵소서.
다툼을 일으키는 그릇이 되지 않게 하시고, 온유하고 겸손한 그릇이 되게 하시며,
학업과 졸업, 취직과 결혼 등 모든 순간에 주님의 뜻대로 아름답게 쓰일 수 있도록
준비된 ○○(이)가 되게 하옵소서.
보배로우신 예수님의 이름으로 기도합니다. 아멘.

그러므로 누구든지 이런 것에서 자기를 깨끗하게 하면 귀히 쓰는 그릇이 되어 거룩하고
주인의 쓰심에 합당하며 모든 선한 일에 준비함이 되리라 [딤후 2:21]

"좋아서 자주 쓰는 그릇이 있습니다. 깨끗하고 쓰기 편한 그릇입니다.
주님께서 쓰시고자 할 때 언제든지 깨끗하게 준비된 그릇이길 원합니다."

하나님의 살아 있는 말씀으로
자녀를 양육하게 하소서

말씀으로 계시하시는 하나님 아버지.
성경 말씀을 주셔서 하나님의 뜻을 알게 하시니 감사합니다.
자녀 양육에 있어서 하나님의 말씀인 성경이 기준이 되길 원하오니
기록된 말씀을 기준 삼아 주님 뜻에 더욱 다가가게 하옵소서.

오직 말씀으로만 ○○(이)를 훈계하고 책망하며 지도하게 하옵소서.
하나님을 사랑하고 그 사랑을 기쁨으로 누릴 수 있는 삶이 되게 하시고,
아이의 잘못을 말씀으로 판단하거나 겁을 주지 않으며,
성경을 율법적인 정죄의 도구로 사용하지 않게 도와주옵소서.
율법을 완성하신 예수님께서 사랑으로 제자들을 가르치셨음을 기억합니다.
기회가 있을 때마다 은혜의 복음을 자녀에게 가르치는 부모가 되게 하시고,
○○(이)와 함께 말씀을 필사, 묵상, 암송함으로 주님의 뜻을 더 알아 가게 하옵소서.

말씀을 듣고 배울 때 ○○(이)의 마음을 열어 주시고 깨닫게 하옵소서.
오만하거나 교만한 생각을 갖지 않고, 진리의 길을 걷게 하옵소서.
입술에 파수꾼을 세워 주시고 부모의 말에 귀를 기울이는 자녀가 되게 하옵소서.
영적으로나 육적으로나 영양분을 골고루 공급하는 부모가 되게 하옵소서.
사랑을 완성하신 예수님의 이름으로 기도합니다. 아멘.

모든 성경은 하나님의 감동으로 된 것으로 교훈과 책망과
바르게 함과 의로 교육하기에 유익하니 [딤후 3:16]

"말씀의 기준으로 자녀를 양육할 때, 자녀는 부모를 신뢰합니다."

긍휼을 베푸는 사람이 되게 하소서

자비와 사랑으로 우리를 구속해 주신 하나님 아버지.
주님을 알기 전에 저는 영적으로 무지했고 완고했습니다.
그러나 어리석은 자, 순종하지 아니한 자를 외면하지 않으시고
죄 가운데 거하던 자를 은혜의 자리로 불러 주심에 감사합니다.

행위가 아닌 전적인 하나님의 은혜로 의롭다 하시니 감사합니다.
자격 없는 자가 하나님의 은혜와 긍휼을 입고 구원의 기쁨을 누리오니,
구원의 확신과 즐거움을 누리며 자녀에게 신앙의 멘토가 되는 부모로 서게 하옵소서.
○○(이)가 육체의 즐거움을 추구하는 자리에서 경건의 자리로 나아가게 도와주시고,
○○(이)의 관심과 목표가 개인을 넘어 공동체와 세계로 확장되게 하옵소서.

어리고 부족한 ○○(이)의 모습을 보면서 주님을 만나 변화될 모습을 기대합니다.
술, 담배, 음란물 등 성장에 유익하지 않은 것으로부터 ○○(이)를 보호하여 주시고,
삶의 중심에 자신을 두고서 옳고 그름을 판단하는 개인주의를 멀리하게 하옵소서.

○○(이)의 모습과 상관없이 ○○(이)를 사랑으로 대하는 부모가 되기를 원합니다.
서로를 귀하게 여기며 신뢰하는 온전한 부모와 자녀가 되게 하옵소서.
죄인을 기꺼이 용서하시는 예수님의 이름으로 기도합니다. 아멘.

우리도 전에는 어리석은 자요 순종하지 아니한 자요 속은 자요 여러 가지 정욕과 행락에 종 노릇 한 자요
악독과 투기를 일삼은 자요 가증스러운 자요 피차 미워한 자였으나 [딛 3:3]

"먼저 은혜를 입은 자로서, 불순종하고 넘어지는 자녀에게 긍휼을 베풀기 원합니다."

인격적인 부모가 되게 하소서

넓은 품으로 안아 주시는 사랑의 하나님 아버지.
아무 이유 없이 오직 사랑으로 저를 택하시고 자녀 삼아 주심에 감사합니다.
주님의 사랑을 받으니 저도 사랑의 사람이 되고 싶습니다.
보잘것없는 제가 주님을 사랑하고 이웃을 사랑하며 살기를 다짐합니다.

도망쳤던 종 오네시모를 용서해 달라고 권면하는 바울의 편지 안에서
영적 권위를 내세워 주장하지 않고
사랑과 덕을 세우기 위해 예의를 갖추는 바울의 모습을 보았습니다.
신뢰와 사랑으로 빌레몬을 대하는 바울처럼 자녀를 그와 같이 대하는 부모가 되길 원하오니
주님, 잔소리로 ○○(이)의 마음을 불편하게 하지 않고 말씀으로만 훈계하게 하옵소서.
○○(이)가 하나님이 주신 자유 의지로 옳은 선택을 하길 원합니다.
○○(이)와 의견이 대립할 때 대화를 통해 좋은 방향을 찾게 하시고,
존중하는 마음으로 부드럽게 ○○(이)를 대하게 하옵소서.

존중할 때 존중받고, 신뢰할 때 신뢰받는 원리를 기억함으로
○○(이)에게 권위를 내세우거나 억지 순종을 요구하지 않기를 원합니다.
아버지께서 부모에게 주신 권위를 남용하여 권위주의에 빠지지 않게 도와주옵소서.
자유 의지를 주시고 기다려 주시는 예수님의 이름으로 기도합니다. 아멘.

다만 네 승낙이 없이는 내가 아무것도 하기를 원하지 아니하노니
이는 너의 선한 일이 억지같이 되지 아니하고 자의로 되게 하려 함이라 [몬 1:14]

"자녀에게 무조건 순종을 요구하기 전에
먼저 자녀를 대하는 부모의 태도를 점검해야겠습니다."

배우고 자라는 일에 힘쓰게 하소서

자녀의 성장을 기뻐하시는 하나님 아버지.
말씀의 가르침대로 살아가는 주님의 자녀가 되길 소망합니다.
아름다운 삶의 열매로 아버지를 기쁘시게 하는 자가 되길 소원합니다.

부모가 되었으면서도 여전히 미숙한 모습으로 ○○(이) 앞에 설 때가 많습니다.
영적인 지식에 합당한 열매를 맺는 부모가 되길 원하오니
말씀을 배우는 데에서 한 걸음 더 나아가, 배운 바대로 살아가게 하옵소서.
신실한 부모, 의지할만한 부모, 포용하는 부모로 변화되길 원하오니
게으름을 버리게 하시고, 주어진 시간을 잘 관리하는 지혜를 주옵소서.
육체의 필요뿐 아니라 영적인 필요에도 민감하게 반응하며 구하는 자가 되게 하시고,
자녀를 노엽게 하지 않으며 사랑으로 양육하는 부모가 되게 하옵소서.

○○(이) 보다 부모인 제가 먼저 말씀을 읽고 배우며 하나님을 아는 지식이 자라길 원합니다.
부모에게 주신 사명을 발견하고 삶에서 풍성한 열매를 맺는 그리스도인이 되게 하시고,
경건한 신앙 유산을 물려주어 믿음의 선순환이 이어지는 가정이 되게 하옵소서.
찔림을 주는 말씀 앞에서 회개하여 장성한 믿음의 사람이 되기를 간절히 원하오니
선악을 분별하고 영적으로 성숙한 부모가 되게 하옵소서.
선생의 본을 보이신 예수님의 이름으로 기도합니다. 아멘.

때가 오래되었으므로 너희가 마땅히 선생이 되었을 터인데 너희가 다시 하나님의 말씀의 초보에 대하여
누구에게서 가르침을 받아야 할 처지이니 단단한 음식은 못 먹고 젖이나 먹어야 할 자가 되었도다 [히 5:12]

"늘 넘어지고 상처받는 어린아이 같은 부모가 아니었는지 돌아보는 날입니다."

사랑으로 서로를 격려하게 하소서

가정과 교회 공동체를 세우신 하나님 아버지.
결혼과 출산, 자녀 교육의 시간을 통해 아버지의 마음을 알아 가게 하시니 감사합니다.
믿음의 지체가 함께 모여 예배드리며 아버지를 경배하게 하시니 기쁨이 넘칩니다.

예수님의 희생 제사를 통해 생명을 얻은 믿음의 백성들이 교회 공동체로 모였습니다.
어린아이부터 어른에 이르기까지 분주한 일상을 살다가
주님 앞에 모여 쉼을 누릴 수 있음이 은혜입니다.
각자도생을 말하는 시대에 공동체 지체들이 서로를 격려하는 동역자로 서길 원하오니
○○(이)와 믿음의 삶에 관하여 이야기 나누고 권면하고 격려하는 가정이 되게 하옵소서.
가장 작은 공동체인 가정에서부터 서로를 돌아보는 사랑이 넘쳐 나게 하시고,
사회에서 건강한 시민으로 살아가기 위해 소속된 공동체에서 잘 훈련받게 하옵소서.

○○(이)와 보내는 시간에 깊은 대화와 친밀감을 충분히 나눌 수 있게 하옵소서.
○○(이)와 좋은 추억을 만들고 함께 놀며 휴식을 취하는 가정이 되게 하옵소서.
논리적인 판단에 앞서 ○○(이)를 지지하고 응원하는 부모가 되게 하시고,
○○(이)가 마음을 나누고 서로 격려하는 좋은 공동체를 경험할 수 있게 하옵소서.
모이고 싶은 공동체, 예수님을 바라보는 가정으로 세워지기를 간절히 바랍니다.
공동체의 머리 되신 예수님의 이름으로 기도합니다. 아멘.

서로 돌아보아 사랑과 선행을 격려하며 모이기를 폐하는 어떤 사람들의 습관과 같이 하지 말고
오직 권하여 그날이 가까움을 볼수록 더욱 그리하자 [히 10:24-25]

"부모와 자녀가 서로 깊은 교제를 통해 마지막 때에
서로의 믿음이 성장하도록 돕는 가정 공동체가 되길 원합니다."

예수를 바라보며 고통을
감수하게 하소서

시련과 역경을 통과하는 이들과 함께하시는 하나님 아버지.
자녀 양육의 힘든 시간을 통해 아버지를 바라보게 하시니 감사합니다.
십자가의 고통을 참으신 주님께 감사와 찬송을 올려드립니다.

주님, 부모인 제가 바라보는 것이 ○○(이)에게 영향을 줄 수 있음을 압니다.
무엇을 바라보는가에 따라 삶이 달라짐을 알기에 오늘 하나님 아버지를 바라봅니다.
○○(이)를 바라볼 대상으로 여기지 않길 원합니다.
주님, ○○로 인해 제 마음이 요동치거나 ○○(이)를 자랑하고 싶은 마음이 들 때,
제가 하나님이 아닌 ○○(이)를 바라보고 있음을 깨닫게 하옵소서.
부모가 주님을 바라보며 자녀를 양육할 때,
인격적이고 배려심 많고 도덕적 감수성을 지닌 자녀로 성장할 줄 믿습니다.
○○(이)가 성공하고 돈이 많은 사람을 바라보면서 자신과 비교하지 않게 하옵소서.
광고와 상품에 시선을 두고 소비욕에 사로잡히지 않게 하옵소서.

우리 ○○(이)와 제가 바라볼 분은 오직 예수님뿐입니다.
믿음의 주요 온전케 하시는 예수님을 바라보며 저에게 맡기신 자녀를 돌보길 원합니다.
죄인이 회개하고 돌아오는 기쁨을 위해 십자가의 큰 고통을 참으신 예수님을 바라보오니
힘든 육아의 시간을 십자가의 예수님을 생각하며 이겨 내는 오늘이 되게 하옵소서.
우리의 고통을 아시고 함께하시는 예수님의 이름으로 기도합니다. 아멘.

믿음의 주요 또 온전하게 하시는 이인 예수를 바라보자 그는 그 앞에 있는 기쁨을 위하여
십자가를 참으사 부끄러움을 개의치 아니하시더니 하나님 보좌 우편에 앉으셨느니라 [히 12:2]

"십자가를 참으신 예수님을 바라볼 때, 맡겨 주신 부담스러운 짐을 인내하며 질 힘을 주십니다."

주님께 받은 것을 나누며 살게 하소서

기쁨으로 드리는 마음의 제사를 받으시는 하나님 아버지.
삶에서 드리는 일상의 모든 예배가 아버지를 기쁘게 하길 원하오니
작은 자에게 한 것이 아버지께 한 것임을 기억하며 나눔의 자녀로 살게 하옵소서.
믿는 자가 함께 모여 교제를 나누고 서로를 돌아보는 것을 기뻐하시는 주님.
말씀의 은혜를 나누고 가진 것을 나누는 사랑을 모두가 실천하게 하옵소서.

○○(이)를 양육하면서 조금 더 사랑하고 베풀며 나누게 하시니 감사합니다.
오늘은 ○○(이)와 함께 나눔의 기쁨을 맛보는 날이 되길 원하오니
받는 것에 익숙했던 ○○(이)가 가진 것을 나누는 기쁨을 배우는 시간이 되게 하옵소서.
풍부한 상상력과 창의력을 발휘하여 나눔의 영역을 확장하게 도와주시고,
물질, 지식, 삶의 태도, 시간, 마음, 다양한 것을 나누며
봉사의 즐거움을 어릴 때부터 경험하고 봉사의 자리에 기쁨으로 참여하게 하옵소서.

친구에게 유익한 정보를 아낌없이 나누는 ○○(이)가 되게 하옵소서.
형제자매, 친구와 선생님, 부모와 동료를 위해 기도하는 ○○(이)가 되게 하옵소서.
슬픔과 외로움에 처한 친구를 외면하지 않고
그의 마음속 이야기를 들어 주며 공감하는 ○○(이)가 되게 하옵소서.
○○(이)가 힘든 상황에 처했을 때, 부모인 제가 지지해 주고 믿어 주며 위로하게 하시고,
슬픔과 아픔, 외로움과 고통을 나누면 줄어든다는 것을 체험하게 하옵소서.
기쁨의 근원 되시는 예수님의 이름으로 기도합니다. 아멘.

오직 선을 행함과 서로 나누어 주기를 잊지 말라
하나님은 이 같은 제사를 기뻐하시느니라 [히 13:16]

"받는 것보다 주는 것에서 기쁨을 찾을 때 더 많이 기뻐할 수 있습니다."

시련을 잘 통과하게 하소서

영혼을 소생시키시는 하나님 아버지.
고단한 삶에, 지치고 갈급한 영혼에 영원히 목마르지 않는 생수를 부어 주옵소서.
살면서 기쁨을 잃고 우울감이 커질 때가 있습니다.
시도 때도 없이 찾아오는 고난이 고달파 기도할 수 없을 때가 있습니다.
주님께서 저를 위해 기도하시는 줄 믿사오니 제 마음을 지켜 주옵소서.

주님의 선한 뜻을 분별하고, 바른 판단력으로 시련의 시간을 잘 이겨 내게 하옵소서.
○○(이)의 이성과 지성과 감성이 조화롭게 발달하여 실패에 무너지지 않게 하옵소서.
○○(이)에게 수고하고 인내하며 고통을 감수할 수 있는 힘을 주옵소서.
○○(이)가 영적·정신적·신체적·사회적으로 골고루 균형 있게 발달하게 도와주옵소서.
○○(이)가 시험을 당할 때, 시험을 감당할 힘주시는 하나님을 바라보며 기도하게 하시고,
마귀의 시험을 말씀으로 물리치신 예수님을 생각하며 힘을 얻게 하옵소서.
시험 앞에서 온전히 기쁘게 여길 수 있는 담대함을 ○○(이)에게 주시고,
어려울 때 함께해 주는 좋은 선생님과 선배, 친구를 만나게 하옵소서.

○○(이)가 막막한 현실을 보면서 고통 속으로 빠지지 않게 도와주시며,
고난의 터널 끝에 있는 환한 빛을 믿음으로 바라보며 인내를 온전히 이루며,
긴장감과 압박감을 주는 상황에서도 미소와 여유를 가질 수 있게 성령님 인도하옵소서.
고난을 이겨 내신 예수님의 이름으로 기도합니다. 아멘.

내 형제들아 너희가 여러 가지 시험을 당하거든 온전히 기쁘게 여기라
이는 너희 믿음의 시련이 인내를 만들어 내는 줄 너희가 앎이라 인내를 온전히 이루라
이는 너희로 온전하고 구비하여 조금도 부족함이 없게 하려 함이라 [약 1:2-4]

"시험을 잘 참고 견디는 자에게 생명의 면류관을 주십니다."

작은 일에 요동하지 않는
부모가 되게 하소서

지혜의 근본이시며 구하는 자에게 지혜를 주시는 하나님 아버지.
말씀으로 이 세상을 지으시고 이끄시는 아버지를 경배합니다.
주님의 도움이 없이는 ○○(이)를 잘 양육할 수 없다는 걸 깨닫게 하시니 감사합니다.
세상의 흐름을 읽는 것보다 말씀 속에서 교육의 방향을 잡는 것이 더 중요함을 알기에,
○○(이)에게 세상의 학문과 지식만 가득 채워 주는 부모가 되지 않기를 원합니다.

○○(이)를 양육하면서 경건하지 못한 말과 행동으로 후회했던 때가 많습니다.
교육 정보의 홍수 속에서 혼란스러워하며 흔들릴 때도 있었습니다.
주님, 삶의 모든 순간, 다양한 선택 앞에서 주님의 인도하심이 필요합니다.
믿음으로 구합니다. 의심하지 않고 기대합니다. 주님의 지혜로 저를 채워 주시고,
○○(이)를 양육할 때 성령님의 인도하심을 따라 탁월한 선택을 하게 하옵소서.

오늘 주님이 주신 은혜를 생각하며 자녀를 바라보니 감사와 기쁨이 넘칩니다.
○○(이)를 조종하고 통제하기보다 쉼과 안식을 함께 누리는 날이 되게 하옵소서.
적절한 순간에 사랑이 담긴 말로 자녀를 응원할 수 있는 부모가 되게 하시고,
서로를 존중하면서 아름답게 동행하는 가정 되게 하시며,
○○(이)와 함께하는 시간을 낭비하지 않고 사랑으로 채워 가는 지혜를 주옵소서.
지혜의 공급자이신 예수님의 이름으로 기도합니다. 아멘.

너희 중에 누구든지 지혜가 부족하거든 모든 사람에게 후히 주시고 꾸짖지 아니하시는 하나님께 구하라
그리하면 주시리라 오직 믿음으로 구하고 조금도 의심하지 말라
의심하는 자는 마치 바람에 밀려 요동하는 바다 물결 같으니 [약 1:5-6]

"하나님께서 주시는 지혜로 세상 교육의 바람에도 요동하지 않기를 소망합니다."

월   일

자녀의 말을 경청하게 하소서

작은 신음에도 귀를 기울이시는 하나님 아버지.
들으시고 응답 주시는 아버지가 계심을 깨닫고 답답했던 마음이 시원해집니다.
인자하시고 자비로우신 아버지 하나님을 닮기 원합니다.

○○(이)의 말을 대충 듣고 추측하며 판단했던 것을 회개합니다.
부모의 말 한마디가 자녀를 살리기도, 죽이기도 함을 아오니
제 입술을 성령님께서 제어해 주시고, 힘을 주는 말로 자녀를 돕게 하옵소서.

우리 ○○(이)가 저를 부를 때 웃는 얼굴로 바라보게 하시고,
○○(이)가 하는 이야기에 마음과 귀를 활짝 열고 듣게 하옵소서.
○○(이)의 말을 판단하기에 앞서 있는 그대로 받아들이게 도와주시고,
○○(이)의 요구에 적절하게 반응하고 응답하는 부모가 되게 하옵소서.

다른 이들의 말을 귀담아듣고 쉽게 화를 내지 않는 것처럼,
○○(이)의 말에도 동일하게 반응하기를 원합니다.
주의 깊게 듣고 부드러운 말로 대화를 나누기를 원합니다.
성내는 것이 하나님의 의를 이루지 못하오니 화를 내지 않고 너그럽게 대하며,
○○(이)의 마음을 아프게 하는 말을 쏟아 내는 미련한 부모가 되지 않게 하옵소서.
온유하신 예수님의 이름으로 기도합니다. 아멘.

내 사랑하는 형제들아 너희가 알지니 사람마다 듣기는 속히 하고 말하기는 더디 하며
성내기도 더디 하라 사람이 성내는 것이 하나님의 의를 이루지 못함이라 [약 1:19-20]

"아이의 이야기를 귀 기울여 듣고 함께 웃고 싶은 오늘입니다."

행함으로 믿음을 나타내게 하소서

믿는 자에게 구원을 주시는 은혜의 하나님 아버지.
예수님을 구주로 시인하는 것을 넘어
이제는 구별된 행동으로 하나님께 영광 돌리기를 원합니다.
이삭을 바치는 아브라함의 행함이 의롭다 여김을 받았습니다.
정탐꾼을 숨겨 준 라합의 행동이 믿음이라고 말씀합니다.
행함으로 믿음을 보여 주지 않으면, 그 믿음은 죽은 것이라고 말씀합니다.
주님, 구원받은 자녀가 된 기쁨을 삶으로 나누며 살게 하옵소서.
행함이 있는 믿음으로 그리스도의 향기를 나타내는 우리 ○○(이)가 되게 하옵소서.

우리 ○○(이)가 자기 정체성과 신앙을 놓치지 않으면서
사회에도 관심을 가지게 하옵소서.
자신의 성공만을 위해서 공부하지 않고,
사회를 더 이롭게 하려는 마음으로 즐겁게 공부할 수 있게 하옵소서.
부지런하게 배우고, 사회봉사에 참여하며, 영향력 있는 리더로 성장하게 하옵소서.

믿음을 구체적인 삶으로 보여 줄 때, 복음의 능력이 나타나는 줄 믿사오니
○○(이)가 약속을 잘 지키고, 힘든 친구를 도와주며, 학교생활에 잘 적응하게 하옵소서.
불의와 타협하지 않는 담대한 용기를 주시고,
웃음과 유머를 통해 공동체의 분위기를 부드럽게 만드는 ○○(이)가 되게 하시며,
세상 지식보다 말씀의 가치가 ○○(이)를 이끌어 가도록 항상 말씀이 기억나게 하옵소서.
믿음의 행동을 보시고 기뻐하실 예수님의 이름으로 기도합니다. 아멘.

네가 보거니와 믿음이 그의 행함과 함께 일하고 행함으로 믿음이 온전하게 되었느니라
영혼 없는 몸이 죽은 것 같이 행함이 없는 믿음은 죽은 것이니라 [약 2:22, 26]

"믿음을 구체적인 삶 가운데 행함으로 나타내는 것이 필요합니다"

주신 계명대로 서로 사랑하게 하소서

사랑의 하나님 아버지.
인간의 사랑은 한계가 있어서 주님의 계명을 지킬 만한 힘이 없습니다.
예수님의 사랑으로 다른 사람을 사랑할 수 있게 하시니 감사합니다.
성령님의 도우심으로 사랑하라는 주의 계명을 준행하는 오늘이 되길 원합니다.

세상에서는 왜곡되고 감각적이며 자극적인 사랑을 보여 줍니다.
영화, 드라마, 웹툰, 소설 속에서 만나는 사랑은
아버지의 뜻을 벗어난 사랑일 때가 많습니다.
우리 ○○(이)가 세상 문화, 미디어를 통해서 잘못된 사랑을
사랑이라고 배우지 않도록 보호하여 주옵소서.

아버지께서 보여 주신 사랑은
죄인을 위해 자기 아들의 생명을 버리신 십자가의 사랑이오니
○○(이)가 주님께 받은 사랑의 넓이와 크기와 깊이를 알게 하옵소서.
말과 혀로만 사랑하는 것이 아니라 행함과 진실함으로 사랑하게 하시고,
친구를 경쟁자로 여기지 않고서 친절함과 따뜻한 마음으로 대하게 하옵소서.

서로 배려하고 도와주는 형제자매가 되게 하옵소서.
평화를 사랑하고 갈등과 다툼을 멀리하는 자녀가 되게 하옵소서.
사랑이 모든 것을 이기는 능력이 됨을 믿습니다.
사랑이 많으신 예수님의 이름으로 기도합니다. 아멘.

그의 계명은 이것이니 곧 그 아들 예수 그리스도의 이름을 믿고 그가 우리에게 주신 계명대로 서로 사랑할 것이니라
그의 계명을 지키는 자는 주 안에 거하고 주는 그의 안에 거하시나니 우리에게 주신 성령으로 말미암아
그가 우리 안에 거하시는 줄을 우리가 아느니라 [요일 3:23]

"성령님이 함께하지 않으시면 우리의 의지와 힘으로 다른 사람을 온전하게 사랑할 수 없음을 고백합니다."

때가 가까움을 기억하게 하소서

거룩하신 하나님 아버지.
성경을 읽을수록 아버지의 뜻이 보이고 마음이 느껴집니다.
말씀을 듣다 보면 흔들렸던 믿음이 굳건하게 세워집니다.
말씀을 배울수록 하나님을 더 알고 싶어집니다.
달고 오묘한 말씀의 맛을 계속해서 알아가는 저와 ○○(이)가 되게 하옵소서.

성경은 예수 그리스도를 알게 하고 믿게 하며 하나님의 뜻을 깨닫게 하오니,
주님, ○○(이)가 성경을 읽고 아버지의 뜻을 분별하는 지혜를 얻게 하옵소서.
세상의 이치가 아닌 주님의 뜻에 따라 살아가는 ○○(이)가 되게 하시고,
성경적 세계관으로 무장하여 세상 속에서 바르게 사고하며 행동하게 하옵소서.
○○(이)에게 생각하고 집중하는 힘, 질문하고 문제의 본질을 파악하는 힘을 주시고,
학교나 학원에서 친구들에게 기독교인임을 자랑스럽게 말하며,
그리스도인의 정체성을 가지고서 자신의 삶을 해석하고 적용함으로
마음에 찔림을 주는 말씀이 있을 때는 회개하고 돌이키는 사람이 되게 하옵소서.

이 땅에서의 삶은 유한하고 마지막이 언제일지 알 수 없으니 늘 깨어 있기를 원합니다.
미래를 준비하며 살아야 하지만 삶의 과정 중에서 소소한 사랑을 놓치지 않게 하시고,
지금이 바로, 배우고 나누고 사랑하고 주님을 만날 때임을 ○○(이)가 알게 하옵소서.
생명의 말씀이신 예수님의 이름으로 기도합니다. 아멘.

이 예언의 말씀을 읽는 자와 듣는 자와 그 가운데에 기록한 것을 지키는 자는 복이 있나니 때가 가까움이라 [계 1:3]

"믿음은 말씀을 들음에서 나오고
성화는 말씀을 읽고 듣고 행하는 가운데 이루어집니다."

하나님을 향한 뜨거운 열정을 가진
자녀가 되게 하소서

간절한 마음의 기도를 들으시는 하나님 아버지.
잃어버린 한 영혼을 찾으시는 주님의 마음을 닮길 원합니다.
주님의 자녀 된 복을 다른 이들에게 전하는 자로 살기 원합니다.
차지도 아니하고 뜨겁지도 아니한 라오디게아 교회가 바로 제 모습이오니,
미지근하여 열심을 내지 않고 적당히 신앙생활 하며 만족하던 것을 회개합니다.

주님, 우리 ○○(이)가 형식적이고 습관적인 신앙생활을 하고 있다면 깨닫게 하옵소서.
학교생활에서도 비전을 품고 열심히 공부하는 ○○(이)가 되게 하시고,
분명한 목적을 가지고 공부할 때 지혜를 주시고 명철을 더하여 주시되,
주님을 뜨겁게 사랑하고 복음의 열정을 가지고서 살게 하옵소서.
주님을 사랑하는 마음이 자연스럽게 삶으로 표현되어 전도의 열매를 맺게 하시고,
남과 비교하지 않고 어제의 나와 비교하며 성장의 길로 나아가는 ○○(이)가 되게 하옵소서.

우리 ○○(이)가 자신의 강점을 찾고 약점을 보완하며 맡은 사명을 잘 감당하길 원합니다.
'죽으면 죽으리라'는 결심으로 왕 앞에 나아간 에스더처럼,
'이 산지를 내게 주소서'라고 말하는 갈렙처럼,
영원한 면류관을 바라보며 달려갈 길을 마치고 믿음을 지킨 바울처럼,
사자 굴을 무서워하지 않고 우상 숭배를 거부한 다니엘처럼,
믿음의 선택을 당당하게 하며 물러섬이 없는 ○○(이)가 되게 하옵소서.
열정을 주시는 예수님의 이름으로 기도합니다. 아멘.

내가 네 행위를 아노니 네가 차지도 아니하고 뜨겁지도 아니하도다
네가 차든지 뜨겁든지 하기를 원하노라 [계 3:15]

"하나님께 속하거나 악에 속할 뿐 중간은 없습니다."